AF451688

RÈGLEMENT

LES MANŒUVRES

DE L'INFANTERIE PRUSSIENNE

RÈGLEMENT

SUR

LES MANŒUVRES

DE L'INFANTERIE PRUSSIENNE

DERNIÈRE ÉDITION DU 3 AOUT 1870

ÉCOLE DE PELOTON

ÉCOLE DES TIRAILLEURS

ÉCOLE DE BATAILLON

ÉVOLUTIONS DE BRIGADE

TRADUIT ET RÉDIGÉ

PAR

E. UFFLER

SAINT-ÉTIENNE, IMPRIMERIE DE MONTAGNY
14, rue Gérentet — rue de Lodi ?
1872

Monsieur le Ministre,

Encouragé par le bienveillant accueil dont Votre Excellence daigne honorer les moindres productions qui peuvent avoir quelqu'utilité pour l'armée, je prends la liberté de vous dédier ce petit ouvrage, persuadé que votre indulgence ne lui fera pas défaut.

Je suis avec le plus profond respect,
Monsieur le Ministre,
De Votre Excellence,
Le très-obéissant et très-dévoué serviteur,

E. UFFLER.

Dans le même but, je me suis à peine étendu sur certains mouvements ayant une parfaite analogie avec les nôtres, pour reproduire presque textuellement ce qui a rapport aux colonnes de compagnie et à la colonne d'attaque dont nos ennemis ont fait un si fréquent usage dans leurs dernières guerres.

Je suis resté fidèle à cette manière d'opérer pour toutes les autres parties de l'instruction que j'ai suivie, paragraphe par paragraphe, jusqu'au chapitre 21ᵐᵉ et suivants, qui traitent du défilé de parade, etc., et auxquels j'ai fait le même sort qu'à l'école du soldat.

Enfin, j'ai cru opportun de reproduire *en texte allemand* certaines dénominations ainsi que les commandements les plus usités, persuadé que mes compatriotes, ainsi que Messieurs les officiers et les sous-officiers qui désirent apprendre la langue allemande, les verront avec plaisir figurer dans cet ouvrage.

RÈGLEMENT

LES MANŒUVRES

DE L'INFANTERIE PRUSSIENNE

PREMIÈRE PARTIE

CHAPITRES I, II ET III

INDICATIONS GÉNÉRALES SUR L'ÉCOLE DU SOLDAT.

Les Prussiens pratiquent encore notre ancien port d'armes, c'est-à-dire la crosse de l'arme dans la main gauche appuyée contre la hanche du même côté.

Dans les marches, l'arme est généralement portée sur l'épaule gauche et non sur l'épaule droite.

Lorsque, pour exécuter un mouvement, de pied ferme ou en marchant, le commandement de *Marche!* est répété deux fois, cela indique qu'il faut prendre le pas gymnastique (ou en allemand : der Trab, qui veut dire *le trot*).

DEUXIÈME PARTIE

CHAPITRE IV

§ 14. 𝔙𝔬𝔫 𝔡𝔢𝔪 𝔗𝔯𝔲𝔭𝔭 𝔲𝔫𝔡 𝔳𝔬𝔫 𝔡𝔢𝔯 𝔎𝔬𝔪𝔭𝔞𝔤𝔫𝔦𝔢.

DE LA TROUPE ET DE LA COMPAGNIE.

L'instruction de l'homme de recrue étant terminée, on prépare ce dernier à son entrée dans la Compagnie en le réunissant avec d'autres recrues, par rangs et par files, pour l'exercice en troupe, et cela dans le but de lui apprendre à combattre en ligne aussi bien qu'en tirailleur.

Les principes employés pour l'instruction de la troupe étant les mêmes que ceux prescrits pour la Compagnie, il sera exclusivement question de cette dernière dans les cinq chapitres qui vont suivre.

Nota. — Si dans le cours de cette traduction il m'arrive parfois d'appeler l'attention du lecteur sur certains détails de l'instruction prussienne, il n'est cependant jamais entré dans mon esprit de faire une étude comparative ou critique entre la théorie allemande et la nôtre : cette étude pourra faire le sujet d'un nouvel ouvrage.

CHAPITRE V

Formation, division et alignement de la Compagnie.

§ 15. Aufftellung in drei Gliedern.

FORMATION SUR TROIS RANGS [1].

Les hommes les plus grands forment le premier rang, les plus agiles et les meilleurs tireurs forment le troisième rang, parce que la destination habituelle de ce rang, dont il sera question plus loin (§ 35 et 100), exige ces qualités de préférence.

Le placement dans chaque rang a lieu de la droite à la gauche, en commençant par les hommes les plus grands.

Pour la bonne formation d'un rang il est nécessaire, indépendamment des principes prescrits pour chaque homme en particulier, que chacun, avec ou sans arme, sente le coude de son voisin sans s'appuyer sur lui, et que la poitrine et la direction des épaules se trouvent dans le même alignement. La distance d'un rang à l'autre est de $4/5$ de pas (deux pieds) mesurés du dos de l'homme qui est en avant à la poitrine de celui qui est derrière lui. Les deux

---

(1) Les compagnies de chasseurs et les compagnies de tirailleurs sont formées sur deux rangs.

derniers rangs se tiennent dans une direction parallèle à celle du premier, et de façon à ce que chaque homme couvre exactement celui qui le précède. Trois ou deux hommes, placés ainsi l'un derrière l'autre, forment la file (die Rotte).

Lorsqu'une compagnie ne peut former un nombre exact de files, il ne doit jamais manquer d'homme au premier rang, mais au second et ensuite au troisième, sur le flanc gauche.

§ 16. Abtheilung in Züge Halbzüge und Sectionen [1].

DIVISION EN PELOTONS, DEMI-PELOTONS ET SECTIONS.

La compagnie ainsi formée est partagée en deux pelotons égaux. En cas de nombre impair de files, le peloton de droite aura une file de plus que celui de gauche. Les pelotons tirent leur dénomination numérique de la place qu'ils occupent dans le bataillon [2], et la conservent lorsque la compagnie est isolée (§ 44).

Les pelotons sont divisés en demi-pelotons chaque fois qu'ils ont seize files et au-dessus, et les demi-pelotons sont divisés eux-mêmes en sections.

Les groupes de quinze files et au-dessous ne seront pas divisés en demi-pelotons, mais immédiatement

---

(1) Ces dénominations correspondent à celles de : sections, demi-sections et escouades de notre Théorie.

(2) Voir planche 1.

en sections. Dans les deux cas, les sections ne devront avoir ni plus de six ni moins de quatre files.

§ 17. Eintheilung der Offiziere, Unter=offiziere und Spielleute.

PLACEMENT DES OFFICIERS, SOUS-OFFICIERS ET INSTRUMENTISTES [1].

Dans la compagnie formée en bataille, le capitaine (Hauptmann) se trouve sur le flanc droit du premier peloton (ou de la compagnie), le premier lieutenant (Premier=Lieutenant) sur le flanc droit du deuxième peloton, le premier et le troisième lieutenant en second derrière le premier peloton, et le deuxième lieutenant en second sur le flanc gauche de la compagnie [2].

Derrière chaque chef de peloton se tient au troisième rang un sous-officier qui, excepté à la charge, prend constamment la place de l'officier aussitôt qu'il la quitte. Derrière la deuxième avant-dernière file de chaque peloton, à deux pas du troisième rang, se tient également un sous-officier [3].

Les sous-officiers restants sont partagés également

---

(1) Tambours, clairons et autres.

(2) Les trois lieutenants en second sont classés par ancienneté en premier, deuxième et troisième lieutenant en second.

(3) Ces sous-officiers remplacent les guides de droite et de gauche, dénominations dont je me servirai chaque fois qu'il sera question d'eux dans le cours de l'ouvrage.

derrière les deux pelotons et placés à deux pas du troisième rang, le sergent-major (𝔉𝔢𝔩𝔡𝔴𝔢𝔟𝔢𝔩) derrière la deuxième file du premier peloton, l'enseigne porte-épée (𝔓𝔬𝔯𝔱𝔢𝔭𝔢𝔢=𝔉ä𝔥𝔫𝔯𝔦𝔠𝔥) derrière la deuxième file du deuxième peloton.

Les officiers en serre-file se tiennent à deux pas derrière le rang des sous-officiers. S'il y a un seul officier en serre-file par peloton, il se trouve habituellement derrière le centre; s'il y en a deux, le plus ancien se place derrière la deuxième file et le plus jeune derrière l'avant-dernière file du peloton.

Aux revues et aux rassemblements habituels, les instrumentistes se placent sur une ligne, à deux pas du flanc droit de la compagnie, et sur le prolongement du second rang. Dans tous les autres cas, ils se forment sur un rang, à huit pas derrière la ligne des officiers, et se conforment aux mouvements de la compagnie.

Quand le capitaine se porte devant la compagnie pour la commander, le plus ancien lieutenant en second prend sa place.

Lorsque la compagnie marche pour son compte ou lorsqu'elle est exercée isolément, le capitaine la dirige et la commande lui-même. Le plus ancien lieutenant en second conduit alors le premier peloton et le lieutenant en premier le second peloton; le deuxième lieutenant en second marche derrière le deuxième peloton et le troisième lieutenant en second derrière le premier peloton.

Lorsque l'exécution d'une manœuvre ou d'un

exercice le nécessite, un tambour et un clairon se portent auprès du capitaine.

§ 18. Richtung. — ALIGNEMENT.

Nota. — Il est à remarquer que la théorie allemande s'étend assez longuement sur cette partie de l'instruction; pour elle, l'homme est parfaitement aligné lorsqu'en regardant à droite, sans déranger la position de son corps, son œil droit n'aperçoit que l'homme placé à côté de lui, tandis que son œil gauche distingue la direction du rang entier.

De pied ferme et en marche, on s'aligne constamment à droite, au commandement de Richt=euch! — *Alignez-vous!*

Lorsqu'il est nécessaire de s'aligner exceptionnellement du côté opposé, on fait précéder le même commandement de celui de : links! — *A gauche!*

§ 19. Bezeichnung der Richtungslinie.
DÉTERMINATION DE LA BASE D'ALIGNEMENT.

La ligne de bataille est constamment déterminée par des officiers ou des sous-officiers appelés en allemand : Points.

Au commandement de : Points vor! — *Points en avant!* les officiers ou sous-officiers se portent sur la ligne pour la tracer; au commandement de : *Alignez-vous!* les trois rangs s'intercalent entre eux et s'alignent à droite.

Dans l'alignement de la compagnie, ce sont les

chefs de peloton et l'officier placé à la gauche de la compagnie qui tracent la ligne.

Les alignements ont lieu au port d'armes, et l'arme sur l'épaule gauche.

Les alignements en arrière, qui ne sont employés que pour de très-faibles distances, se font à la cadence du pas et au commandement de : **Rückwärts richt euch! — Marsch!** — *En arrière alignez-vous! — Marche!*

CHAPITRE VI

Griffe mit dem Gewehr und Chargirung der Kompagnie.

MANIEMENT D'ARMES ET CHARGE DE LA COMPAGNIE.

§ 20. Le maniement d'armes de la compagnie se fait avec ensemble. Il est toujours précédé du commandement d'avertissement : **Griffe!** — *Maniement!* pour prévenir que les officiers et le drapeau n'ont pas à saluer et que les clairons et tambours ne bougent pas.

§ 21. La charge et les feux d'ensemble ont lieu au moyen des commandements qui suivent :

1° **Bataillon soll chargiren — Geladen!**

Bataillon doit charger — Chargé!

2° **Chargirt!** — *Chargez!* [1]

---

(1) Les verbes **laden** et **chargiren** ont la même signification en français.

Au second commandement, le deuxième rang s'avance d'un pas vers la droite en se rapprochant du premier, et pendant que ces deux rangs chargent le troisième reste l'arme sur l'épaule.

Les deux chefs de peloton et l'officier placé à la gauche de la compagnie reculent au troisième rang, et les guides de droite[1] se placent dans le rang des serre-files.

Le capitaine, lorsque la charge n'est pas simplement simulée, se porte derrière la compagnie et y attend qu'elle soit terminée.

3° **Fertig!** — *Achevé!*

4° **Legt — An!** — *Joue!*

5° **Feuer!** — *Feu!*

6° **Geladen!** — *Chargé!*

Lorsque les armes sont chargées d'avance, les deux premiers commandements sont remplacés par celui de : **Mit Bataillonen — Chargirt!**

Avec bataillons — chargez!

Si l'on veut faire cesser le feu, on commande :

Gewehr in Ruh! — *Arme en repos!*

Das Gewehr über! — *L'arme sur l'épaule!*

Au dernier commandement, le second rang, les officiers et les sous-officiers mentionnés plus haut reprennent leurs places de bataille, le capitaine se reporte devant la compagnie.

---

(1) Un par peloton, c'est-à-dire deux par compagnie.

§ 22. Glieder-Salve oder Carree-Feuer.

FEUX DE RANGS OU FEUX DE CARRÉ.

Les feux de carré sont des feux d'ensemble exécutés par le premier ou le second rang, ou par les deux rangs à la fois.

Au commandement de : **Carree — fertig!**

Carré — achevé!

Le premier rang charge et arme, le deuxième rang appuie comme il a été dit plus haut et en agit de même.

Les feux sont exécutés ensuite au commandement de :

Erstes Glied *ou* **Zweites Glied** *ou bien* **Erstes und Zweites Glied, Legt an! — Feuer!**

Premier ou second rang, ou bien : *Premier et second rang : Joue! — Feu!*

Les armes sont rechargées immédiatement après, et le feu continue par les mêmes commandements.

§ 23. Schnell Feuer — FEU RAPIDE [1].

Cette sorte de feux n'a jamais lieu par commandement. Lorsque les armes sont chargées et apprêtées, on le fait commencer par deux coups de baguette et un roulement très-court du tambour.

Un roulement prolongé le fait cesser.

On recommande de peu user de cette sorte de

----

(1) Feu à volonté.

feux et de donner autant que possible la préférence
aux feux de salves, parce que dans le feu rapide , la
fumée n'ayant pas le temps de se dissiper, les hommes
visent avec difficulté.

§ 24. Feuer rückwärts. — FEUX EN ARRIÈRE [1].

Lorsque la compagnie a fait demi-tour, avant de
commencer le feu , on commande : Unteroffiziere
durch! — *Sous-officiers à travers!* — Aussitôt les
officiers, sous-officiers et instrumentistes, prenant le
chemin le plus court, passent par les ailes de la compagnie pour prendre leurs nouvelles places derrière
le premier rang.

Les feux ont lieu ensuite par les mêmes commandements. Le troisième rang exécute littéralement ce
qui a été prescrit plus haut pour le premier et réci-
proquement. Les guides restent au troisième rang.

Les feux terminés, la compagnie fait face par le
premier rang, au commandement de : Ganzes Bataillon — Front! — *Bataillon entier — Front!* —
et chacun reprend sa place habituelle.

____

(1) Feu par le troisième rang.

CHAPITRE VII

§ 25. Wendungen auf der Stelle.

MOUVEMENTS SUR PLACE.

Lorsque la compagnie ne doit exécuter que les à-droite, les à-gauche et les demi-tours sur place, les chefs de peloton s'y conforment sans quitter leurs places dans le rang.

§ 26. Das Schließen [1].

L'ACTION DE SERRER (OU D'APPUYER).

Lorsqu'on veut faire appuyer une compagnie à droite ou à gauche sur une autre troupe, sans quitter la ligne de bataille, au commandement de : Rechts (links) schließt Euch! — *A droite (ou à gauche) serrez-vous!* les chefs de peloton se placent face à leur file de droite et l'officier du flanc gauche face à la file de gauche de la compagnie, les hommes appuient en portant la jambe droite, sans la plier, d'un demi-pas vers la droite et en rapportant immédiatement le pied gauche à côté du droit; ils continuent ce mouvement jusqu'au commandement de: *Halte!* et avec une cadence deux fois aussi rapide que celle du pas accéléré.

Si le point vers lequel on doit appuyer n'est pas

---

(1) Ce mouvement n'est pas usité en France.

déterminé par une autre troupe, on le fait jalonner par un sous-officier. Ce mouvement n'est jamais exécuté par une subdivision plus forte qu'une compagnie.

§ 27. Der Frontmarsch.

LA MARCHE DE FRONT.

NOTA.— Les divers principes de la marche de front sont identiques à ceux pratiqués dans l'instruction française, le point de direction est généralement donné au guide de droite ou au chef de peloton.

Lorsqu'un point de direction n'a pas été indiqué au sous-officier, ce dernier le choisit lui-même en avant de lui et perpendiculairement à la ligne de bataille.

§ 28. Der Marsch halbseitwärts.

LA MARCHE OBLIQUE.

Pour la marche oblique, au commandement de :

Halb rechts, (links) — Marsch !

Demi à droite (ou à gauche) — Marche !

chaque homme fait un demi à droite et gagne du terrain vers la droite, parallèllement au front qu'occupait la compagnie avant d'obliquer.

La direction dans laquelle chaque homme se prolonge ainsi doit former avec la base d'alignement un angle de 45 degrés, et les soldats sont régulièrement placés dans le rang lorsque l'épaule droite de chacun d'eux, dans la marche oblique à-droite par exemple, se trouve derrière l'épaule gauche de son voisin de droite.

2

Pour reprendre la marche directe, on commande:

Gerade aus!

Droit en avant!

Les chefs de peloton se conforment, dans la compagnie, aux instructions données ultérieurement dans l'école de bataillon (§ 51).

§ 29. Der Reihenmarsch rechts oder links.

LA MARCHE DE FLANC A DROITE OU A GAUCHE.

La marche de flanc a lieu sans doubler, au commandement de :

Rechts (links) — um! — Bataillon! — Marsch!

A droite (ou à gauche), — bataillon — Marche!

Lorsqu'on fait à-droite, les chefs de peloton se portent à la gauche de l'homme de droite du premier rang; lorsqu'on fait à-gauche, ils se portent à la droite de l'homme de gauche du même rang; dans ce dernier cas, le deuxième lieutenant en second rentre en serre-file.

Un sous-officier de serre-file, placé à huit pas sur le flanc de la compagnie, en regard de la file de tête, est chargé de donner le pas pendant la marche.

§ 30. On fait par file à droite (ou à gauche), au commandement de :

Tete, rechts (links) schwenkt — Marsch!

Tête à droite (ou à gauche) conversez — Marche!

§ 31. Pour faire front du côté de la ligne de bataille, on commande :

Bataillon! — Halt! — Front!

Bataillon! — Halte! — Front!

Lorsqu'on veut faire ce mouvement en marchant, on commande :

Rechts (links) — um!

A-droite! (ou à-gauche!)

Enfin, quand la compagnie a besoin de faire demi-tour pendant la marche, il faut auparavant l'arrêter.

Lorsqu'en marchant par le flanc, on veut reformer le front perpendiculairement à la direction suivie, on se porte en ligne par peloton, demi-peloton, ou par section, au commandement de :

Rechts (links) marschirt auf, — Marsch!

A droite (ou à gauche) portez-vous en ligne — Marche! qu'on fait précéder de l'indication de : par peloton, demi-peloton ou section.

Ce mouvement s'exécute aussi de pied ferme et d'après les mêmes principes [1].

§ 32. Schwenkungen von der Stelle.

CONVERSIONS DE PIED FERME.

On rompt de pied ferme, au commandement de :

Mit Zügen (Halbzügen — Sektionen) rechts (links) schwenkt — Marsch!

Avec pelotons (demi-pelotons, sections) à droite (ou à gauche) conversez — Marche!

---

(1) Ces mouvements se font identiquement comme il est recommandé dans notre Théorie.

Nota. — Ces mouvements diffèrent des nôtres, en ce que les subdivisions qui rompent sont arrêtées lorsque l'aile marchante est arrivée sur la perpendiculaire même, et qu'il n'est nullement question de les aligner; en outre, l'homme du pivot, au lieu de faire à-droite (ou à-gauche), se conforme au mouvement en tournant sur place.

Lorsqu'on veut se prolonger vers la droite ou vers la gauche aussitôt après avoir rompu, on fait précéder le commandement indiqué plus haut par celui de :

Erſter (achter) Zug — gerade aus!

Premier (huitième) peloton — droit en avant !

Le peloton désigné, au lieu de converser comme les autres, se porte en avant en raccourcissant le pas de manière à ne parcourir jusqu'au commandement de : *Halte!* qu'une distance égale à son front.

§ 33. Schwenkungen während des Marſches.

CHANGEMENT DE DIRECTION PENDANT LA MARCHE.

L'instructeur désigne le point où la direction doit changer, ou bien il prévient la subdivision qui doit changer de direction, puis il fait le commandement de :

Rechts (links) ſchwenkt, — Marſch!

A droite (ou à gauche) conversez — Marche!

Ce commandement est répété par le chef de la subdivision qui doit converser la première, lorsqu'elle est arrivée au point désigné, ou aussitôt qu'il en a reçu l'ordre.

La conversion terminée, il commande :

> Gerade — aus ! — *Droit en avant !*

Les autres subdivisions conversent au commandement de : *Conversez — marche !* et plus tard : *droit en avant !*

On recommande à l'homme qui est au pivot de dégager le point où la conversion doit commencer.

§ 34. Lorsqu'on veut faire marcher cette même colonne la gauche en tête, on commande :

> Contre-Marsch — rechts um ! — Marsch !
>
> *Contre-marche ! — à droite ! — Marche !*

Ce mouvement, dans quelque position que l'on se trouve, s'exécute toujours par le flanc droit.

Les subdivisions sont arrêtées au commandement de : *Halte — Front !* [1]

CHAPITRE VIII

Die Kompagnie-Kolonne und die zerstreute Fechtart.

LA COLONNE DE COMPAGNIE ET LA MANIÈRE DE COMBATTRE EN TIRAILLEURS.

§ 35. COLONNE DE COMPAGNIE PAR PELOTON [2].

Au commandement de :

> Kompagnie-Kolonne — formirt !
>
> *Colonne de compagnie — formez !*

---

(1) De même ici, il n'est pas question du demi-tour des guides ni d'alignement.

(2) Voir planche III et § 88.

1° Pour les compagnies qui sont à la droite du drapeau, le troisième rang des pelotons pairs se porte à douze.pas en arrière; le peloton impair de la compagnie fait à-gauche et se porte à six pas derrière le peloton pair, pendant que son troisième rang se place devant le troisième rang du même peloton.

2° Dans les compagnies qui se trouvent à la gauche du drapeau, les pelotons pairs se placent derrière les pelotons impairs, et leur troisième rang derrière le troisième rang de ces derniers qui s'est porté également à douze pas en arrière. Chaque compagnie forme ainsi une colonne de trois pelotons sur deux rangs, distants de six pas l'un de l'autre, et dont le dernier peloton se compose du troisième rang de la compagnie.

Le capitaine se place devant la compagnie.

La colonne de compagnie peut être rompue en colonne par demi-peloton, au commandement de :

Zu Halbzüge — brecht ab!

En demi-pelotons — rompez!

Les demi-pelotons de droite des compagnies placées à la droite du drapeau se portent, par le flanc gauche, à deux pas en arrière des demi-pelotons de gauche.

Le contraire a lieu pour les compagnies placées à la gauche du drapeau.

Chaque compagnie forme ainsi une petite colonne de six subdivisions, serrées à deux pas de distance.

Le troisième lieutenant en second, le sergent-major et l'enseigne porte-épée prennent le commandement des demi-pelotons pairs, et le flanc gauche de chaque demi-peloton est encadré par un des sous-officiers restant encore en serre-file.

Les mouvements de la colonne de compagnie avec son peloton de tirailleurs, ainsi que sa formation, ne se font jamais au pas cadencé.

On reforme la colonne de compagnie par peloton, et la compagnie elle-même en ligne de bataille sur trois rangs, par des moyens analogues à ceux employés pour le déploiement de notre colonne double, et au moyen des commandements suivants :

Zu Züge marschirt auf — Marsch!
En pelotons reformez-vous — Marche!

Et puis :

Kompagnie — formirt!
Compagnie — formez!

§ 36. Bildung einer Schützenlinie.

FORMATION D'UNE LIGNE DE TIRAILLEURS.

Dans la plupart des cas, sans cependant en faire une règle absolue, on emploie d'abord pour la ligne des tirailleurs le troisième peloton ou la moitié de ce peloton [1].

Au commandement de : **Schwärmen!**
Déployer!

une escouade seulement de la droite ou de la gauche, à moins d'ordre contraire, va se déployer; les files

---

(1) Formé par le troisième rang de la compagnie.

prennent leurs distances en obliquant, et la ligne s'avance jusqu'au commandement de : *Halte!*

Les deux hommes de chaque file restent unis et se placent indifféremment l'un derrière l'autre, ou l'un à côté de l'autre.

La distance entre les files dépend du terrain ; cependant, en plaine, cette distance ne devra jamais dépasser six pas.

La direction est généralement prise au centre.

En pays accidenté, on recommande simplement aux diverses files de ne jamais se perdre de vue. Lorsqu'une plus grande surveillance l'exige, les hommes des diverses escouades restent groupés, avec quelques pas d'intervalle entre les groupes.

Les sous-officiers sont détachés aux différentes escouades et n'ont pas de place fixe dans le déploiement.

Le tirailleur porte l'arme à sa guise et tâche de profiter des moindres accidents du terrain pour s'en servir avantageusement.

L'officier accompagné du clairon reste avec la fraction la plus nombreuse, qu'elle soit déployée ou qu'elle serve de soutien.

§ 37. Feuer einer Schützenlinie.

FEU D'UNE LIGNE DE TIRAILLEURS.

Le tirailleur doit savoir charger et faire feu dans toutes les positions et tirer sur appui, chaque fois qu'il peut le faire.

Il doit pouvoir exactement apprécier la distance qui le sépare de l'ennemi.

Il faut que les officiers et les sous-officiers sachent parfaitement tirer pour pouvoir, lorsque l'action le comporte, tirer des coups d'essai et, par des recommandations transmises à voix basse, régler le tir de leur troupe.

Les deux hommes de chaque file s'arrangent de façon à ce qu'au moins l'un d'eux ait toujours son arme chargée.

Une ligne de tirailleurs en marche tire le moins possible et, sauf des cas exceptionnels, le feu est entretenu par quelques hommes désignés par les chefs de groupe.

En avançant, aussi bien qu'en reculant, celui des deux hommes qui est prêt à faire feu se maintient toujours le plus près de l'ennemi.

Dans une marche de flanc, celui qui doit tirer se porte à quelques pas en dehors du côté de l'ennemi.

Les officiers et les sous-officiers veillent principalement à ce que les hommes visent tranquillement et ne tirent pas à de trop grandes distances.

§ 38. Bewegungen und Schwenkungen einer Schützenlinie.

MOUVEMENTS ET CHANGEMENTS DE DIRECTION D'UNE LIGNE DE TIRAILLEURS.

Les tirailleurs d'une ligne doivent pouvoir manœuvrer sans contrainte, mais aussi sans se désunir; au signal donné, ou après le commandement de l'officier, les mouvements ont lieu au pas, mais vivement.

En dehors des atteintes de l'ennemi, on s'attachera principalement au maintien de l'ordre et à l'enchaînement des divers éléments de la ligne; dans le cas contraire, le tirailleur profitera surtout des accidents de terrain, pour se couvrir et se rapprocher le plus possible de l'ennemi sans se faire voir.

La direction se prend généralement au centre de l'une ou de l'autre aile de la ligne [1].

§ 39. Berftärfen, Berlängern, Bermindern und Ablöfen einer Schützenlinie.

RENFORCER, ÉTENDRE, RESSERRER ET RELEVER UNE LIGNE DE TIRAILLEURS.

NOTA. Ces opérations ne donnent lieu à aucune remarque particulière et se font d'une façon analogue à celle usitée en France.

§ 40. Berhalten des Unterftützungs — Trupps oder der Kompagnie.

MANIÈRE DE SE COMPORTER DE LA TROUPE DE SOUTIEN OU DE LA COMPAGNIE.

Habituellement, le soutien se tient abrité à environ cent cinquante pas en arrière des tirailleurs.

La compagnie, formée en colonne de compagnie, n'est elle-même qu'une espèce de soutien tenu en arrière à la distance *maxima* prescrite pour ce der-

---

(1) La marche oblique, la marche de flanc, les changements de direction par file et les conversions se pratiquent en Prusse comme dans notre propre instruction.

nier; elle en prend la place, lorsqu'un de ses pelotons est entièrement déployé.

Lorsque les circonstances le commandent, on peut déployer tout le troisième peloton et le faire soutenir successivement par les diverses autres subdivisions de la compagnie, en prenant par la gauche.

Dans le cas où toute la compagnie serait déployée, on conserverait au moins une escouade, comme soutien, derrière le centre de la ligne.

§ 41 Sammeln der Schützen.
RALLIEMENT DES TIRAILLEURS [1].

Le ralliement a lieu sur l'emplacement occupé par le capitaine, c'est-à-dire, généralement sur celui que la compagnie occupait avant de déployer.

Dans le cas d'une attaque imprévue de la cavalerie, les diverses subdivisions de la ligne avisent au ralliement le plus prompt, soit entre elles, soit sur le soutien, et forment un cercle plein (ein Knäuel) autour de leurs chefs; puis, après avoir chargé et apprêté leurs armes, les hommes attendent les instructions de ces derniers pour commencer le feu.

---

(1) Les deux opérations du ralliement et du rassemblement ne sont pas distinguées dans la Théorie allemande.

CHAPITRE IX

§ 42. Formations pour des cas particuliers.

Une compagnie isolée peut avoir à se défendre contre de la cavalerie : on suppose qu'elle soit rompue par peloton ; dans ce cas, au commandement de :

Formirt das Carree! — *Formez le carré!* le second peloton serre à distance de rang sur le premier et fait face en arrière ; les officiers, sous-officiers, etc., passent par les flancs pour se porter entre les deux pelotons.

Lorsque la compagnie est rompue par demi-peloton, le second demi-peloton serre à distance de rang sur le premier, et les derniers demi-pelotons serrent sur le quatrième en faisant demi-tour. Le troisième demi-peloton se forme par section à droite et à gauche en bataille, pour fermer le carré ; il reste ainsi au milieu la place nécessaire pour recevoir les officiers et les instrumentistes. Aussitôt le carré formé, au commandement de : **Fertig!** — *achevé!* les rangs extérieurs apprêtent leurs armes.

Chaque fois que la compagnie ne sera pas composée de deux pelotons capables de former au moins quatre demi-pelotons ayant le nombre de files réglementaire, au lieu de former le carré, on formera le cercle plein.

Cette dernière formation est encore usitée lorsque, les trois pelotons de la compagnie étant réunis, il n'y a pas le nombre de files nécessaire pour former des demi-pelotons.

Au commandement de :

Formirt die Kolonne!

Formez la colonne!

la compagnie reprend la formation qu'elle avait antérieurement, par peloton ou par demi-peloton.

Souvent les fractions de la compagnie qui sont déployées en tirailleurs auront à se rallier derrière la colonne.

Dans ce cas, on tiendra moins à l'exécution rigoureuse des principes qu'à une contenance calme et solide de la colonne, et qui permette aux tirailleurs de se rallier et de se reformer dans un ordre quelconque.

§ 43. OBSERVATIONS GÉNÉRALES.

Lorsque dans des circonstances exceptionnelles une compagnie a besoin de se mouvoir en ligne [1], il est urgent qu'elle détache un de ses pelotons, soit en avant pour contenir l'ennemi, soit sur les flancs, soit en arrière comme réserve, pour l'employer comme tirailleurs ou autrement.

Lorsqu'une ligne de tirailleurs a besoin d'être soutenue par d'autres subdivisions, ces dernières se portent vivement sur la ligne, soit pour faire des feux

---

(1) Sans avoir préalablement rompu.

d'ensemble, soit pour attaquer à la baïonnette, au commandement de : *Zum Chargiren!*

Pour charger!

Après l'attaque, au commandement de : *Halte!* ou de *Front!* les armes sont immédiatement chargées et apprêtées.

Lorsque la charge et puis les feux devront avoir lieu sur quatre rangs, ce que le commandement spécifiera, les deux premiers rangs se mettront à genoux.

Si l'on doit tirer dans une direction oblique, il sera nécessaire d'indiquer le but, exemple :

Auf die Kavallerie chargirt!

Sur la cavalerie chargez!

afin que les hommes du deuxième rang puissent appuyer plus ou moins à droite ou à gauche, dans les créneaux de leurs chefs de file.

Dans tous les cas, il y a plus de mérite de veiller à ce que le tir ait lieu sans précipitation, que de chercher à le rendre plus intense.

Les attaques à la baïonnette peuvent avoir lieu en ligne ou bien en colonne.

Tous les mouvements dont il a été question plus haut, la compagnie doit être exercée à les exécuter de jour et de nuit, avec la plus grande précision.

Pour arriver à ce résultat, il est inutile de surcharger la mémoire du soldat par des règles précises; mieux vaut que la compagnie soit habituée à être constamment tenue dans la main de son chef, et à prêter une attention soutenue à ses commandements, de façon à pouvoir exécuter même des mouvements dont il n'aurait pas été fait mention dans les paragraphes qui précèdent.

~~~~~~~~~~~~~~~~~~~~~~~~~~~~~~

TROISIÈME PARTIE

Von dem Bataillon. — DU BATAILLON

CHAPITRE X

§ 44. Aufstellung. — FORMATION.

Un bataillon se compose de quatre compagnies placées, par ordre de numéro, de la droite à la gauche. Les numéros des huit pelotons dans lesquels le bataillon est divisé suivent le même ordre, et chaque peloton conserve son numéro dans toutes les circonstances.

Entre le quatrième et le cinquième peloton se trouve le drapeau, qui est remplacé par un sous-officier dans les bataillons qui n'en sont pas pourvus.

Le porte-drapeau est placé entre deux sous-officiers qui ne le quittent point; derrière eux se tiennent trois autres sous-officiers, au troisième rang.
~~~~~~~~~~~~~~~~~~~~~~~~~~~~~~

Les compagnies désignent pour cet emploi les sous-officiers les mieux exercés dans la marche.

Les officiers occupent leurs places respectives dans les compagnies, à l'exception toutefois des deuxièmes lieutenants en second qui se portent en serre-file derrière la gauche de leurs compagnies. Celui de la quatrième compagnie, seul, reste au premier rang pour fermer la gauche du bataillon pendant la marche.

Dans toutes les formations du bataillon, celle de la parade exceptée, les instrumentistes se placent derrière le centre, à huit pas de la ligne des officiers, les musiciens à la droite et les autres à la gauche du drapeau, le tambour de bataillon (Bataillons-Tambour)[1] devant le centre de ces derniers.

Un tambour et un clairon se tiennent devant le front du bataillon, près du commandant, pour exécuter les sonneries et les batteries nécessaires.

La place de l'adjudant du bataillon [2] est derrière le drapeau, sur la droite des instrumentistes.

§ 45. ALIGNEMENT.

Lorsque le commandant veut aligner son bataillon, il commande :

Points vor ! — *Points en avant !*

Le porte-drapeau et les deux officiers de l'aile

---

(1) Tambour-maître.

(2) Emploi correspondant à celui d'adjudant-major dans l'armée française ; cet officier est monté.

droite et de l'aile gauche se portent aussitôt en avant, à la distance indiquée par le chef de bataillon; ce dernier aligne ensuite le porte-drapeau et l'un des officiers dans la direction de la ligne de bataille. Si le bataillon n'est pas isolé, le second officier s'alignera de lui-même sur la direction générale, en jetant les yeux à droite ou à gauche; mais si le bataillon est seul, son chef pourra se porter près de cet officier pour vérifier sa position.

Au commandement de : **Vorwärts !**

En avant!

les chefs de peloton se portent à leur tour sur la ligne ainsi déterminée, en s'alignant du côté du drapeau. Les compagnies viennent s'intercaler entre ces derniers au commandement de :

Richt Euch! — *Alignez-vous!*

et les hommes, en s'alignant, sentent le coude du côté du drapeau.

Le commandant se tient près du drapeau pour surveiller le mouvement.

On recommande aux officiers de bien s'aligner entre eux, et au chef de bataillon de surveiller la direction générale de l'alignement, avant de rectifier les fautes de détail.

§§ 46 ET 47. MANIEMENT D'ARMES, CHARGE ET FEUX.

Ces mouvements s'exécutent comme il a été prescrit pour la compagnie (§§ 20, 21 et 23) et par les mêmes commandements. Le chef de bataillon, suivi du tambour et du clairon qui l'accompagnent, se porte rapidement derrière le bataillon pendant la durée des feux, en passant par le créneau du drapeau.

Pour les feux dont il est question dans le § 62 et pour les feux du carré, on trouvera de nouveaux détails dans le § 90.

§ 48. ROMPRE DE PIED FERME.

Le § 25 contient tout ce qui a rapport à cet article.

§ 49. MARCHE EN BATAILLE.

Toutes les recommandations des §§ 27 et 45 se rapportent à cette marche.

C'est l'adjudant qui veille à la direction centrale du bataillon; les coudes et l'alignement se prennent du côté du drapeau en jetant souvent les yeux de ce côté.

Au commandement de : *Bataillon en avant!* le porte-drapeau, accompagné de ses deux sous-officiers, se porte à douze pas en avant; sa position est au besoin rectifiée par le chef de bataillon.

Les trois sous-officiers du troisième rang avancent au premier, et forment la base centrale de l'alignement pendant la marche.

L'adjudant suit à cheval derrière le centre du bataillon pour veiller à la direction. Le chef de bataillon se place quelquefois lui-même, comme point de repaire, en avant du drapeau sur la direction à suivre et s'y arrête un moment.

Les chefs de peloton ont soin de rester alignés entre eux, et de redresser les fautes de leurs hommes à voix basse.

Les officiers de serre-file, en s'y prenant à temps, peuvent eux-mêmes empêcher bien des écarts préjudiciables à la marche.

Le porte-drapeau et ses deux sous-officiers donnent le pas au bataillon, et les trois sous-officiers du premier rang marchent parallèlement dans leurs traces, en conservant exactement leur distance.

Lorsque la marche en bataille en avant est destinée à simuler une attaque, les clairons et les tambours sonnent et battent alternativement le pas de charge.

Au commandement de : *Bataillon halte!* personne ne bouge plus, et le porte-drapeau, accompagné de ses deux sous-officiers, reprend sa place au premier rang.

Si le bataillon a besoin d'être aligné, on aura recours aux moyens prescrits § 45.

§ 50. MARCHE EN RETRAITE.

Cette marche a lieu après les commandements de :

Ganzes Bataillon kehrt! — Bataillon Marsch!
Tout le bataillon demi-tour. — Bataillon marche!

Le premier commandement est exécuté d'après les principes prescrits pour la compagnie.

Les officiers, sous-officiers et instrumentistes conservent leurs places; les trois sous-officiers placés au troisième rang derrière le drapeau, après avoir fait demi-tour, marchent huit pas en avant, dans la direction prescrite, et sont remplacés par ceux du premier rang.

L'adjudant se place, comme point de repaire, sur la ligne à suivre, et le reste a lieu comme dans la marche en avant.

Le bataillon étant en marche en retraite se remet face en tête, en s'arrêtant, au commandement de :

Ganzes Bataillon — Front!

Tout le bataillon — Front !

fait par le chef de bataillon et suivi d'un roulement de tambour.

Si de la marche en retraite on veut passer immédiatement à la marche en avant, le chef de bataillon commande : *Bataillon en avant !* le bataillon fait demi-tour en marchant, et tout le monde se conforme à ce qui a été prescrit § 49.

MARCHE OBLIQUE.

§ 51. Au commandement de :

Halb rechts (links)!

Demi à-droite (ou à-gauche)!

les chefs de peloton se portent devant l'homme de droite de leurs pelotons en faisant un demi à-droite, l'officier qui ferme la gauche du bataillon en fait de même en se plaçant devant l'homme de gauche.

Tout le bataillon fait un demi à-droite, et au commandement de : *Marche!* on oblique selon les principes prescrits à l'instruction de la compagnie.

Le porte-drapeau se conforme à la marche après s'être porté à huit pas devant le front.

L'adjudant se place derrière l'aile vers laquelle on oblique et dirige la marche, en donnant ses instructions aux chefs de peloton et principalement à l'avant-dernier de ce côté.

Pour revenir à la marche directe, le chef de bataillon commande :

Gerade — aus!
Droit en avant!

et les officiers rentrent à leurs places dans le rang.

§ 52. Abbrechen aus der Linie.
ROMPRE HORS DE LA LIGNE [1].

Lorsqu'un accident de terrain fait obstacle à une subdivision du bataillon en marche, le commandant arrête et fait obliquer lui-même cette subdivision à droite (ou à gauche), aussitôt qu'elle a été dépassée par la ligne des serre-files, par les commandements de : *Tel peloton : halte!* — *Demi à droite* (ou à gauche) — *Marche! marche!*

Dans ce mouvement, le quatrième peloton se porte derrière le troisième, et le cinquième derrière le sixième ; les autres se placent derrière le peloton qui est le plus près d'eux, du côté du drapeau.

Les subdivisions ainsi éliminées de la ligne, y

---

(1) Correspond à notre mouvement de : TEL PELOTON OBSTACLE.

rentrent par la marche oblique au pas gymnastique, et s'alignent du côté du drapeau.

Ces mouvements ont lieu de la même façon dans la marche en bataille en retraite.

Lorsqu'on y aura recours, le bataillon étant de pied ferme, on emploiera la marche de flanc au pas habituel ou au pas gymnastique.

§ 53. Front-Veränderungen.
CHANGEMENTS DE FRONT.

Tous les changements de front s'opèrent par la marche de flanc des diverses subdivisions auxquelles on fait ensuite faire front, en les alignant dans la direction indiquée ; si, toutefois, on n'a pas recours à la colonne serrée ou bien à la colonne double, pour l'exécution de ces mouvements.

§ 54. Bajonett-Angriff.
ATTAQUE A LA BAÏONNETTE.

Au commandement de :

Zur Attacke Gewehr — rechts!

Pour l'attaque l'arme — à droite!

le bataillon porte l'arme dans le bras droit et prend le pas de charge [1] qui est battu et sonné par les tambours et les clairons.

Le porte-drapeau et les sous-officiers qui l'accom-

---

[1] Ce pas est de 120 à la minute, tandis que le pas habituel est de 112.

pagnent marquent le pas, de manière à reprendre leurs places au premier rang.

Le commandant suit derrière le bataillon.

Arrivés à une douzaine de pas de l'ennemi, les deux premiers rangs croisent la baïonnette au commandement de : *Fällt das Gewehr!* et à celui de : *marche! marche!* on se précipite sur l'ennemi en criant : *Hourrah!* jusqu'au commandement de : *Halte!* Ce dernier commandement est suivi d'un roulement, pour prévenir les hommes qu'ils doivent se tenir prêts à commencer le feu à volonté.

Si on ne doit pas tirer, on procédera comme il a été prescrit §§ 21 et 23.

Un bataillon qui croira avoir ébranlé l'ennemi par ses feux, pourra se jeter immédiatement sur lui au commandement de : *Bataillon marche!* fait aussitôt après celui de : *Feu!*

On se conformera ensuite à ce qui a été dit plus haut.

§ 55. FORMATION DES PELOTONS DE TIRAILLEURS AU MOYEN DU TROISIÈME RANG.

1° *Par commandement.*

Au commandement de :

Züge aus dem dritten Gliede formirt! [1]
Pelotons du troisième rang formez!

Pour les compagnies qui sont à la droite du dra-

---

(1) Voir planche II.

peau, le troisième rang des pelotons pairs se porte, par le flanc droit, derrière le troisième rang des pelotons impairs qui, en même temps, recule de six pas.

Dans les compagnies placées à la gauche du drapeau, c'est le troisième rang des pelotons impairs qui se porte, par le flanc gauche, devant celui des pelotons pairs qui recule également de six pas.

Cette formation ne se fait jamais au pas cadencé.

Chaque peloton de tirailleur est commandé par un officier et trois sous-officiers ; si c'est possible, on y attachera autant de sous-officiers qu'il y aura de sections.

Cette colonne se meut d'après les principes prescrits au § 35.

Lorsqu'il faudra déployer, le premier et la quatrième peloton de tirailleurs se porteront en avant, comme il est prescrit ci-dessous, § 56.

2° Par signal.

Au signal de :

𝕾𝖈𝖍𝖜ä𝖗𝖒𝖊𝖓 ! — Déployer !

les pelotons de tirailleurs se forment comme il vient d'être prescrit ; mais le premier et le quatrième déboîtent aussitôt en avant des ailes du bataillon.

§ 56. EMPLOI DES PELOTONS DE TIRAILLEURS.

Le premier et le quatrième peloton étant arrivés devant les ailes du bataillon, au signal de : *Déployer!* la section de droite du premier et la section de gauche du quatrième se déploient en tirailleurs, pendant que le reste de chaque peloton suit comme soutien.

Si on ne veut employer que des demi-pelotons, on préviendra dans le commandement. Ces derniers déboitent alors des ailes du bataillon, comme il a été dit pour les pelotons entiers et, pendant qu'une section de chacun d'eux déploie en tirailleurs, les autres suivent comme soutien.

Les sections qui se déploient s'avancent devant le front du bataillon jusqu'au signal de : *Halte!* ou jusqu'à ce qu'elles soient arrivées à leur destination. Les soutiens s'arrêtent, après avoir dépassé les ailes du bataillon d'une centaine de pas, et mettent l'arme au pied.

Les extrémités de la ligne de tirailleurs ne débordent pas les ailes du bataillon, et les files ne doivent guère prendre plus de six pas de distance entre elles. Lorsqu'il est nécessaire de déployer de nouvelles sections, celles-ci sont dirigées vers les ailes intérieures des sections déployées qui, elles-mêmes, se resserrent sur les extrémités de la ligne.

Le premier et le quatrième peloton étant entièrement déployés, si la ligne a besoin d'être renforcée, on détachera les compagnies extrêmes du bataillon qui formeront la colonne de compagnie en partant.

En plaine et aux exercices, la ligne de tirailleurs se conforme aux mouvements du bataillon et est dirigée par le commandant lui-même.

Lorsqu'une ligne de tirailleurs doit rentrer pendant que le bataillon s'avance sur elle , les soutiens reprennent leurs places derrière les ailes aussitôt que le bataillon est arrivé à vingt pas d'eux. Les tirailleurs eux-mêmes, au signal de : Ruf! — *Rappel!* démasquent le bataillon , en courant vers les ailes , se portent derrière et se reforment en colonne pour suivre le mouvement.

Si on veut profiter du feu des tirailleurs le plus longtemps possible, un bataillon déployé pourra franchir la ligne ; à cet effet, les tirailleurs se jettent sur le sol à l'approche du bataillon et se rallient derrière lui aussitôt qu'ils ont été dépassés.

Quand les pelotons de tirailleurs ne sont plus utiles , le chef de bataillon les fait rentrer dans les compagnies, au commandement de : *Formez le troisième rang !*

CHAPITRE XI

§ 57. Bildung der Kolonne aus der Linie.

FORMATION DE LA COLONNE HORS DE LA LIGNE DE BATAILLE.

1° Par la marche de flanc.

2° En rompant à droite (ou à gauche) par peloton, demi-peloton ou section.

3° Par le ploiement en avant ou en arrière des subdivisions. (Pelotons.)

§ 58. 1° On n'emploie la marche de flanc que pour de faibles déplacements, à cause de la difficulté de cette marche qui, par la perte des distances, allonge la colonne et est préjudiciable à la prompte formation en bataille.

§ 59. 2° On rompt par peloton, par demi-peloton ou par section à droite (ou à gauche), comme il a été prescrit § 32.

Les subdivisions conservent entre elles une distance égale à leur front pour pouvoir se reformer en bataille.

La colonne ainsi formée s'appelle :

𝕲𝖊ö𝖋𝖋𝖓𝖊𝖙𝖊 𝕶𝖔𝖑𝖔𝖓𝖓𝖊. — *Colonne ouverte* [1].

§ 60. 3° La colonne formée par les ploiements s'appelle :

𝕲𝖊𝖘𝖈𝖍𝖑𝖔𝖋𝖋𝖊𝖓𝖊 𝕶𝖔𝖑𝖔𝖓𝖓𝖊. — *Colonne serrée.*

Le premier ou le huitième peloton forme la tête de colonne, les autres se portent, par le flanc, derrière l'un de ces deux pelotons.

La distance entre les subdivisions est équivalente à une épaisseur de deux rangs, mesurée du premier rang d'une subdivision au rang des officiers et sous-officiers en serre-file de la subdivision qui précède, et qui eux-mêmes ont serré à distance de rang.

Pour ployer le bataillon derrière le premier peloton, on se sert du commandement de :

---

(1) Colonne à distance entière.

Rechts in Kolonne! — Rechts um! — Marsch!
A droite en colonne! — à droite! — Marche!

Le mouvement se fait au pas cadencé, les chefs de pelotons conduisent leurs pelotons et les arrêtent par les commandements de : *Halte! Front!* lorsque leur homme de droite est arrivé à hauteur du même homme du peloton qui précède le leur.

Le porte-drapeau et ses sous-officiers se placent derrière la droite du cinquième peloton, dans le rang des serre-files.

Pour se ployer derrière le huitième peloton, on commande : *à gauche en colonne*, etc.

Arrivés à hauteur de l'homme de droite du peloton qui précède le leur, les chefs de peloton laissent filer leurs pelotons et les arrêtent comme plus haut, pour aligner, lorsque l'homme de droite de leur peloton est arrivé à leur hauteur.

Les chefs de peloton, dans les deux cas, restent à la droite de leurs pelotons.

Les guides de droite se portent en serre-file derrière la première file, et les guides de gauche se placent aussitôt que possible à la gauche de leurs pelotons, au premier rang. Les instrumentistes vont se placer à huit pas derrière les officiers de serre-file du dernier peloton.

L'adjudant s'arrête à hauteur de la droite du cinquième peloton.

Pour ployer en avant du premier ou du huitième

peloton [1], le mouvement s'exécutera d'après les mêmes principes; les commandements cités plus haut seront précédés de l'indication suivante :

1° En avant du premier peloton :

Pour marcher la gauche en tête — à droite..... etc.

2° En avant du huitième peloton :

Pour marcher la droite en tête — à gauche..... etc.

Enfin, on pourra se ployer sur un peloton quelconque de l'intérieur, en désignant, dans le commandement, le peloton qui ne devra pas bouger.

§ 61. Angriffs-Kolonne.

COLONNE D'ATTAQUE [2].

Au commandement de :

Nach der Mitte in Kolonne! — Links und rechts — um! — Marsch!

Vers le milieu en colonne !— A droite et à gauche ! — Marche! [3]

les quatrième et cinquième pelotons ne bougent pas et deviennent tête de colonne.

---

(1) L'instruction prussienne considère avec raison ce mouvement comme peu praticable à la guerre.

(2) Voir planche IV.— Formation analogue à celle de notre colonne double. — La Théorie allemande la considère, à juste titre, comme la formation par excellence pour la guerre.

(3) On a pu remarquer jusqu'ici, que je me rapproche

Les trois pelotons de droite se conforment à ce qui a été prescrit pour se ployer en colonne serrée derrière le peloton de gauche.

Les trois pelotons de gauche manœuvrent comme pour se former en colonne serrée derrière le peloton de droite ; toutefois, les chefs de ces derniers pelotons les laisseront filer en entrant dans la colonne et resteront au flanc gauche, après les avoir arrêtés et alignés, de façon à se trouver placés d'avance, lorsqu'on déploiera la colonne sur le centre ou lorsqu'on devra former former le carré.

La distance entre les subdivisions de la colonne est la même que dans la colonne serrée ; cependant, entre la deuxième et la troisième subdivision, il y aura un intervalle de deux pas dans lequel viennent se placer les instrumentistes du bataillon.

Le porte-drapeau ainsi que les officiers et sous-officiers de serre-file restent à leurs places respectives, à l'exception du plus ancien officier en serre-file du cinquième peloton qui se portera au flanc gauche, au premier rang.

L'adjudant se tient derrière la colonne.

On formera la colonne d'attaque au pas gymnastique, en répétant le commandement de : *Marche!* Les subdivisions en entrant dans la colonne, s'arrêteront et feront front d'elles-mêmes.

---

autant que possible de la traduction littérale pour les divers commandements, vu qu'il sera toujours facile au lecteur d'y substituer le commandement correspondant de la Théorie française.

Cette dernière formation a encore lieu lorsque le commandement est remplacé par le signal de : *Formez la colonne !* Les hommes mettent la baïonnette au canon aussitôt qu'ils sont placés.

Lorsqu'on forme la colonne d'attaque pendant que le bataillon est en marche, le mouvement se fait toujours au pas gymnastique ; et, s'il est exécuté pendant la marche en retraite, les pelotons qui ploient se portent en avant des quatrième et cinquième.

Enfin, lorsque les pelotons de tirailleurs sont déjà rangés derrière le bataillon (§ 55), et qu'on se forme en colonne d'attaque, ils suivent le mouvement ; le deuxième et le troisième vont former la troisième subdivision, et le premier et le quatrième la dernière subdivision de la colonne, qui se composera ainsi de six subdivisions. L'intervalle de deux pas pour les instrumentistes sera pris entre la troisième et la quatrième subdivision [1].

§ 62. COLONNE DE COMPAGNIE. [2].

Lorsque le bataillon en bataille doit former les colonnes de compagnie dont il a été question au § 35, on se conforme à ce qui y est prescrit. Le drapeau, les sous-officiers du drapeau et le tambour de

---

(1) En général, dans le commandement d'avertissement pour faire mouvoir une colonne, on se servira du terme de : BATAILLON.

(2) Voir planche III.

bataillon se porteront à distance de section derrière le troisième peloton de la troisième compagnie ; les instrumentistes rejoindront leurs compagnies respectives.

Les deux compagnies du centre, dans le cas où il n'y aura pas un autre officier supérieur présent, seront commandées par le plus ancien capitaine tant qu'elles resteront réunies l'une à l'autre.

Si avant la formation on a déjà disposé les pelotons de tirailleurs (planche II), ces pelotons suivent le mouvement de ceux derrière lesquels ils sont placés.

Lorsque la formation devra avoir lieu par demipeloton, on se conformera à ce qui est indiqué § 35.

CHAPITRE XII

§ 63. Bewegungen mit der Kolonne.
MOUVEMENTS AVEC LA COLONNE.

Marche de flanc. (Voir §§ 29 et 58.)

Un officier de serre-file de la compagnie qui est en tête marche, à distance de peloton, sur le flanc du bataillon, à hauteur de la première file pour donner le pas.

Le commandant suit du côté de la ligne de bataille ; l'adjudant marche du côté opposé, si toutefois il n'a pas été envoyé en avant pour se prolonger sur la direction à suivre.

§ 64. Dans une colonne rompue par section, demi-peloton ou peloton, c'est le guide de la subdivision de tête et le chef de peloton qui sont chargés de la direction pendant la marche. Les coudes et l'alignement, à moins d'ordre contraire, se prennent toujours à droite.

Ici il y a trois cas à considérer :

§ 65. 1° Lorsqu'on a rompu à droite (ou à gauche) par section, les chefs de peloton marchent à côté de l'homme de droite de leur première subdivision, le guide de droite se porte derrière la première file, et les officiers et sous-officiers de serre-file sont répartis sur le flanc gauche des diverses sections.

L'officier qui ferme la gauche du bataillon marche à côté de l'homme de droite de la dernière subdivision[1].

Si, par exception, la direction devait être prise à gauche, au commandement de :

Officiers sur les flancs gauches !
on prendrait exactement les dispositions contraires.

Le porte-drapeau et ses sous-officiers forment une section à part.

En général, les instrumentistes se portent, pendant les évolutions, sur le flanc droit ou sur le

---

(1) Lorsqu'on fait demi-tour, rien n'est changé à ces dispositions et les officiers restent à hauteur du premier rang devenu troisième.

4

flanc gauche du peloton derrière lequel ils se trouvaient avant de rompre; pour les routes et pour les marches, ils prennent la tête de leur bataillon.

§ 66. 2° Lorsqu'on marche par demi-peloton, rien n'est changé aux dispositions concernant les chefs de peloton et l'officier de la gauche du bataillon. Un sous-officier de serre-file se porte à la droite de chaque second demi-peloton, excepté au dernier, où il y aura l'officier qui ferme la gauche du bataillon.

Les guides de droite se placent derrière la première file du premier demi-peloton; les officiers et sous-officiers de serre-file sont répartis derrière les deux demi-pelotons, et les flancs gauches sont occupés par des sous-officiers qui se comportent comme dans la marche par section.

Lorsqu'on veut prendre la direction à gauche, au commandement prescrit, les chefs de peloton et l'officier de l'aile gauche du bataillon vont seuls se porter sur le flanc gauche.

Le porte-drapeau et ses sous-officiers vont prendre place sur une ligne, dans le rang des serre-files, derrière la première moitié du cinquième peloton.

§ 67. 3° Lorsqu'on a rompu par peloton, les chefs de peloton marchent à deux pas devant le centre et les guides de droite à la droite de leurs pelotons.

Les serre-files se conforment à ce qui a été dit § 17.

Si, ayant rompu à droite, on veut se former à gauche en bataille, le commandant fera porter les chefs de peloton à la place des guides de gauche qui reculeront derrière la deuxième file de gauche de leurs pelotons. (Il n'est pas toujours indispensable de prendre cette mesure, les guides de gauche étant responsables de l'alignement et de la conservation des distances.)

Enfin, lorsque, pour se former à droite en bataille, ayant rompu à gauche, on croira nécessaire de faire porter les officiers sur le flanc droit, les guides de droite se placeront derrière la première file.

Le porte-drapeau et les sous-officiers qui l'accompagnent marchent derrière le flanc droit du cinquième peloton, dans le rang des serre-files.

§ 68. Changements de direction d'une colonne a distance entière.

Dans ces mouvements, le chef de la subdivision de tête indique, dans son commandement, le côté vers lequel on converse; les autres commandent simplement : *Conversez — marche!* et puis : *En avant — marche !* lorsque la conversion est terminée.

§ 69. On rompt les pelotons en marche, soit par demi-peloton soit par section, comme dans notre propre théorie.

Les subdivisions qui doivent se porter en arrière, le font au pas oblique.

Pour se reformer, les subdivisions qui ont rompu se reportent à côté des autres au pas gymnastique, en obliquant à droite ou à gauche; les officiers et sous-officiers reprennent leurs places respectives, selon la formation qui est commandée.

Ce mouvement peut se faire successivement au même point et au commandement de chaque chef de subdivision, ou bien avec ensemble lorsque le chef de bataillon le commande lui-même.

§ 70. Pour marcher par le flanc des subdivisions dans la direction suivie par la colonne, on commande :

In Reihen gesetzt — Rechts (links) — um!
Marche de flanc — à droite (ou à gauche)!

Chaque subdivision fait par le flanc droit, par file à gauche, et chacun prend la place qui lui est assignée dans la marche de flanc.

§ 71. MARCHE D'UNE COLONNE SERRÉE. (§ 60.)

Cette marche a lieu d'après les principes prescrits pour la colonne à distance entière ; mais, lorsque la colonne fait par le flanc gauche, les chefs de peloton se portent à la gauche de leurs pelotons respectifs.

§ 72. NOTA. Dans les conversions on a recours à des principes et à des recommandations analogues à celles usitées dans notre propre théorie.

§ 73. On rompt les subdivisions comme dans la colonne à distance entière. Les subdivisions, sauf la première, s'arrêtent ou raccourcissent le pas, pour permettre à celles qui rompent de s'intercaler à leurs distances.

§ 74. La marche oblique est usitée dans la colonne serrée aussi bien que dans la colonne *ouverte*.

§ 75. SERRER LA COLONNE ET PRENDRE LES DISTANCES.

Le présent règlement ne traite que des quatre cas suivants :

1° Serrer la colonne de pied ferme.

Au commandement de :

Aufgeschloffen ! — Marsch !
Serrez ! — Marche !

la première subdivision ne bouge pas, les autres serrent et sont arrêtées successivement par leurs chefs.

2° Serrer la colonne en marche.

Au commandement prescrit plus haut, le premier peloton s'arrête, les autres continuent à marcher et sont arrêtés au fur et à mesure qu'ils ont serré à leurs distances.

Pour faire ce mouvement au pas gymnastique, on répétera deux fois le commandement de : *Marche !*

De pied ferme, la première subdivision ne bougera pas ; en marche, on l'avertira de conserver son allure.

3° Prendre les distances étant en marche.

Au commandement de :

Viertel, halbe, ganze Zug-Diftance genommen !
*Prenez quart de distance, demi-distance ou distance
de peloton !*

toutes les subdivisions, sauf celle de tête, marquent

le pas et se remettent successivement en marche,
au commandement de :

Frei — weg!
En — avant ! [1]

fait par leurs chefs respectifs, aussitôt qu'elles ont
leurs distances.

Lorsqu'on est de pied ferme, le premier peloton
se met en marche et est suivi par les autres au fur
et à mesure.

4° Prendre les distances sur la tête de la colonne.

Ce mouvement s'exécute d'après les mêmes principes que dans l'Instruction française.

Chaque fois qu'une colonne serrée aura à parcourir un long trajet, elle devra prendre au moins quart
de distance de peloton.

§ 76. PASSER DE LA COLONNE PAR PELOTON A DISTANCE ENTIÈRE (OU SERRÉE EN MASSE) A LA COLONNE D'ATTAQUE [2].

Si la colonne a la droite en tête, au commandement du chef de bataillon :

Nach der Mitte in Kolonne! — Marsch!
Vers le centre en colonne — Marche !

les trois premiers pelotons, après avoir fait à droite,

---

(1) Littéralement : **Libre — de là.**

(2) Pour bien comprendre les formations qui vont suivre,
il est indispensable de consulter les planches II, III et IV
placées à la fin de l'ouvrage.

se dirigent derrière le quatrième peloton, en faisant par file à droite; lorsque le troisième peloton l'aura dépassé de la distance nécessaire, il fera encore une fois par file à droite, et puis *sur la droite, par file en bataille* [1]. Le deuxième peloton se placera de la même façon derrière le troisième et le premier derrière le deuxième.

Le chef du cinquième peloton le porte, par la marche oblique en avant, à la gauche du quatrième et l'aligne à droite. Les sixième, septième et huitième pelotons suivent derrière le cinquième et, en serrant l'un sur l'autre à la distance prescrite, se trouvent respectivement à la gauche des troisième, deuxième et premier pelotons.

Si la colonne a la gauche en tête, le cinquième peloton ne bougera pas; les sixième, septième et huitième feront à gauche et par file à gauche; les quatrième, troisième, deuxième et premier pelotons avanceront, en obliquant à droite, de façon à ce que le quatrième se trouve à la droite du cinquième.

Si le commandement de : *Marche!* est répété deux fois ou si le mouvement a lieu par sonnerie, il sera exécuté au pas gymnastique, et les chefs de peloton ne feront pas de commandements préparatoires.

Lorsque la colonne est serrée, les pelotons qui

---

(1) Ce tour de phrase me paraissant plus intelligible que celui dont se sert le texte allemand (**se porter vers la gauche en avant en ligne**), j'ai cru utile de l'employer chaque fois à la place de ce dernier,

doivent obliquer font le mouvement carrément par le flanc.

§ 77. PASSER DE LA COLONNE A DISTANCE ENTIÈRE OU SERRÉE AUX COLONNES DE COMPAGNIE.

Au commandement de : *Formez les colonnes de compagnie !* lorsque le premier peloton est en tête, le troisième rang des pelotons impairs fait à droite, deux fois par file à droite, et va se former sur la droite par file en bataille devant le troisième rang des pelotons pairs qui, à cet effet, recule d'un pas.

Lorsque la colonne à la gauche en tête, c'est le troisième rang des pelotons pairs qui fait à gauche, deux fois par file à gauche, et se forme sur la gauche par file en bataille, derrière le troisième rang des pelotons impairs [1].

Si la colonne est à distance entière, le commandant la fera serrer à six pas sur la subdivision de tête ; si c'est une colonne serrée, il fera, préalablement, prendre cette distance sur la même subdivision.

Les quatre compagnies du bataillon seront ensuite déployées ; mais on profitera de la première occasion pour leur faire prendre la formation spéciale indiquée aux §§ 35 et 62.

---

(1) Dans le début, on a ainsi une colonne dont les subdivisions, en commençant par celle qui est en tête, sont alternativement sur deux et sur quatre rangs.

§ 78. MOUVEMENTS DE LA COLONNE D'ATTAQUE.

Les subdivisions de cette colonne ont généralement, entre elles, une distance de quart de peloton qui se prend pendant ou après la formation du § 61. Cette distance est conservée dans tous les cas et, pour faire serrer la colonne, il faut le commandement du chef de bataillon qui n'y aura recours que pour le déploiement, l'attaque à la baïonnette, la formation du carré ou, pour mieux dire, lorsqu'il s'agira véritablement de combattre.

Aussitôt que la nécessité ne s'en fera plus sentir, on reprendra la distance indiquée plus haut.

Dans la colonne d'attaque, le porte-drapeau, placé entre le quatrième et le cinquième peloton, est chargé de la direction, sans quitter sa place.

Dans les subdivisions, l'alignement et le tact des coudes se prennent au centre.

Les tambours ne battent que lorsque la colonne se met en mouvement pour attaquer.

Dans la marche en retraite, les guides de droite et de gauche des ailes intérieures des subdivisions se portent au troisième rang, et deux des sous-officiers, désignés pour la fermeture du carré (§ 89), prennent rang entre les guides intérieurs de la dernière subdivision, devenue tête de colonne, pour remplacer le drapeau.

Pendant les marches de flanc et les marches obliques, les chefs de peloton et l'officier placé à la gauche du cinquième peloton se mettent, suivant le cas, à la droite ou à la gauche ou bien devant l'homme du premier rang qui est à côté d'eux, pour le diriger.

Lorsque la colonne est appelée à converser, le tact des coudes est pris du côté du pivot et l'alignement du côté de l'aile marchante et non du côté du drapeau.

S'il devient nécessaire de prendre un alignement, au commandement de : *Points en avant!* le chef du quatrième peloton, le porte-drapeau et l'officier du flanc gauche du cinquième peloton se placent pour tracer l'alignement de la subdivision de tête. Au commandement de : *Alignez-vous!* cette subdivision va s'encadrer entre eux et les autres subdivisions se conforment au mouvement en conservant leurs distances.

On se porte sur la ligne en jetant les yeux à droite, tandis que le tact des coudes se prend du côté du centre.

§ 79. ROMPRE ET FORMER LES SUBDIVISIONS DE LA COLONNE D'ATTAQUE ET MARCHE DE FLANC DE LA MÊME COLONNE.

Une colonne d'attaque que la conformation du terrain oblige à rétrécir son front, exécute ce mouvement de la manière suivante.

Au commandement du chef de bataillon :

1° Aus der Tete (Queue) in Reihen gesetzt!

Par la tête (ou queue) marchez de flanc!

Le rang du drapeau et des guides du centre continue à marcher droit devant lui; le quatrième peloton fait à-gauche et par file à droite, et le cinquième à-droite et par file à gauche; les deux pelotons marchent ainsi, côte à côte, en maintenant leur tête à hauteur du rang du drapeau.

La subdivision formée par les troisième et sixième pelotons, après avoir laissé filer la subdivision de tête, imite son mouvement et emboîte le pas.

Les troisième et quatrième subdivisions suivent successivement, d'après les mêmes principes, sans perdre de distance.

Les chefs de peloton marchent à la tête de leurs pelotons, et les instrumentistes suivent, par le flanc, entre le troisième et le sixième peloton.

2° *Par la tête (ou queue) en demi-pelotons — Rompez!*

NOTA. — Ce mouvement se fait d'une façon analogue à celui de rompre les pelotons de notre colonne double; cependant, vu la faible distance qui sépare les subdivisions, il est exécuté successivement par chacune d'elles. (§§ 69 et 73.)

Si la colonne est de pied ferme, le chef de bataillon ajoutera au commandement celui de : *Marche!* qui sera répété dans le cas où le mouvement devra être exécuté au pas gymnastique.

Le défilé étant franchi, lorsqu'on veut reformer les subdivisions, le mouvement s'opère au fur et à mesure, au commandement des chefs de subdivision et sur l'avertissement du chef de bataillon. (§ 75.)

3° La colonne d'attaque marchant par le flanc amincira son front par les moyens suivants.

Au commandement de :

Aus der rechten (linken) Flanke — brecht ab!
Par le flanc droit (ou gauche) — Rompez!

Les quatre pelotons extérieurs marquent le pas, pour laisser filer les pelotons intérieurs, et suivent ensuite dans leurs traces. Le défilé étant passé, ils reprennent vivement la place qu'ils occupaient antérieurement.

Si les pelotons de tirailleurs ont été formés, le mouvement a lieu d'une façon analogue, mais en trois reprises.

4° Lorsque la longueur du défilé l'exige, on rompt *par compagnie* de la manière suivante :

(a) La colonne marchant de front, au commandement de :

Par la tête (ou queue) en demi-pelotons rompez! —
Troisième et quatrième (ou première et deuxième)
compagnie, — Marquez le pas!

Les compagnies non désignées continuent leur marche et font rompre; chacune des deux autres, après avoir marqué le pas, se conforme au mouvement aussitôt qu'elle a sa distance.

A la sortie du défilé, on se reforme par compagnie, et chacune reprend la place qui lui est assignée dans la colonne d'attaque.

(b) La colonne marchant par le flanc, au commandement de :

Par le flanc droit (ou gauche) rompez! — Deuxième

*et troisième (ou première et quatrième) compagnie —
Marquez le pas !*

Les compagnies désignées, après avoir marqué le pas, suivent immédiatement derrière les autres et sans nouveau commandement.

§ 80. PASSAGE DE LA COLONNE D'ATTAQUE A LA COLONNE SIMPLE SERRÉE OU A DISTANCE [1].

On suppose les pelotons formés sur trois rangs. Au commandement de :

Zum Rechts Abmarsch in Kolonne! — Rechts um — Marsch!

Pour marcher la droite en tête en colonne! — A-droite! — Marche !

Le quatrième peloton ne bouge pas; les troisième, deuxième et premier pelotons font par le flanc droit, deux fois par file à gauche et se forment sur la droite par file en bataille, en avant du quatrième et dans leur ordre naturel.

Les cinquième, sixième, septième et huitième pelotons font aussi par le flanc droit et vont se placer exactement derrière le quatrième, par ordre de numéro, en faisant *halte* et *front* par un à-gauche.

Si la colonne doit avoir la gauche en tête, le cinquième peloton ne bougera pas, les sixième, septième

---

[1] Ce mouvement peut être considéré comme impraticable à la guerre.

et huitième pelotons feront à-gauche, par file à droite, et le mouvement aura lieu d'après les mêmes principes et par les moyens inverses.

Pour prendre les distances, on aura recours aux moyens prescrits § 75.

§ 81. Passage de la colonne d'attaque aux colonnes de compagnie.

On suppose qu'on n'ait pas auparavant fait déboîter les pelotons de tirailleurs .(c'est-à-dire le troisième rang).

Au commandement de : *Formez les colonnes de compagnie!* le troisième rang des quatrième et deuxième pelotons fait à-droite, deux fois par file à droite, et se forme sur la droite par file en bataille derrière le troisième rang des troisième et premier pelotons. Le troisième rang des cinquième et septième pelotons fait à-gauche, deux fois par file à gauche, et se forme sur la gauche par file en bataille devant le troisième rang des sixième et huitième pelotons qui, à cet effet, recule d'un pas.

Les capitaines se portent devant leurs compagnies respectives pour en prendre le commandement.

Les instrumentistes reprennent leurs places habituelles dans les compagnies.

Les officiers, les sous-officiers et le porte-drapeau ne changent de places que lorsque les compagnies se mettent en mouvement pour adopter la formation inhérente aux colonnes de compagnie. (§§ 62 et 35.)

§ 82. REVENIR DES COLONNES DE COMPAGNIE A LA COLONNE D'ATTAQUE.

Les colonnes de compagnie étant disposées comme au § 62 et espacées entre elles, le chef de bataillon désignera la compagnie qui devra servir de base à la formation; chacune des autres compagnies exécutera aussitôt le mouvement nécessaire pour prendre rang dans la colonne.

§ 83. ATTAQUE AVEC LA COLONNE.

Chaque colonne doit préparer ou soutenir son attaque par des feux, comme il est prescrit plus loin, § 86.

Avant de se mettre en marche, on fait serrer en masse.

Au commandement de :

Zur Attade Gewehr — rechts !
Pour l'attaque, l'arme — à droite !

Le bataillon porte l'arme dans le bras droit, met la baïonnette au canon et prend le pas de charge; les clairons et les tambours sonnent et battent alternativement.

A peu de distance de l'ennemi, on fait croiser la baïonnette par les deux rangs de la tête.

La charge étant terminée, le chef de bataillon commande : *Bataillon — Halte !* et fait battre un roulement; à ce signal, les deux premiers rangs apprêtent l'arme et les autres mettent l'arme sur l'épaule.

Si l'attaque à la baïonnette a réussi, elle sera suivie immédiatement par des feux à commandement.

Si elle est considérée comme repoussée, on fera protéger la marche en retraite par des feux de tirailleurs.

Enfin, en supposant que l'attaque n'ait pas eu de résultat décisif et ait abouti de part et d'autre à une fusillade, le chef de bataillon fera renforcer le feu par des soutiens et avisera à mettre la colonne à l'abri. Ou bien encore, il fera déployer la colonne au pas gymnastique, après avoir fait commencer le feu à volonté par la subdivision de la tête, feu qui sera continué par les autres subdivisions au fur et à mesure de leur arrivée en ligne.

CHAPITRE XIII

§ 84. FORMATION DES PELOTONS DE TIRAILLEURS DANS UN BATAILLON ROMPU EN COLONNE.

Au commandement prescrit (§ 55 1°), les troisièmes rangs des pelotons sortent de la colonne, par la marche de flanc, et de façon à se former du côté opposé à celui vers lequel le bataillon faisait face avant de rompre.

Exemple : Dans une colonne par peloton la droite en tête, les troisièmes rangs font à-droite et vont se placer à six pas sur le flanc droit de la colonne : le premier peloton de tirailleurs à hauteur du premier peloton, le deuxième peloton de tirailleurs à hauteur du troisième, le troisième peloton de tirailleurs à hauteur du sixième, et le quatrième peloton de tirailleurs à hauteur du huitième peloton de la colonne.

Dans une colonne la gauche en tête, les troisièmes rangs font par le flanc gauche pour se former ; en outre, ceux des pelotons impairs ont soin de se ranger devant ceux des pelotons pairs.

Les pelotons de tirailleurs peuvent être employés pour couvrir la marche de la colonne, d'après les principes prescrits § 56.

Le premier et le quatrième peloton de tirailleurs sont toujours déployés avant les autres.

Lorsqu'on est pressé, le signal de : Schwärmen ! — *déployer* ! remplace le commandement. Dans ce cas, les troisièmes rangs, destinés à former les premier et quatrième pelotons de tirailleurs, déploient dans la direction indiquée aussitôt qu'ils ont déboîté ; les deux autres pelotons de tirailleurs se conforment à ce qui a été dit plus haut.

§ 85. Dans un bataillon disposé en colonne d'attaque, les pelotons de tirailleurs se forment d'une façon analogue à celle prescrite § 81 pour les colonnes de compagnie.

En cas de déploiement, la ligne de tirailleurs est étendue de façon à couvrir le bataillon dans sa marche.

§ 86. EMPLOI DES PELOTONS DE TIRAILLEURS PENDANT L'ATTAQUE DE LA COLONNE.

S'il y a lieu d'arrêter ou de retirer une ligne de tirailleurs couvrant une colonne d'attaque, pendant que cette dernière s'avance pour la soutenir, les tirailleurs appuient vers les ailes pour démasquer son front. A l'approche de la colonne, ils se rangent sur ses flancs, ainsi que leurs soutiens, et suivent le bataillon dans ses mouvements. Ce dernier prend l'arme à droite et accélère sa marche aussitôt qu'il est arrivé à hauteur des tirailleurs qui, de leur côté, commencent un feu très-nourri dès qu'ils entendent les chefs de peloton commander la charge à la baïonnette.

Si, après la charge, le chef de bataillon fait exécuter un feu d'ensemble et commande ensuite : *Marche!* les pelotons de tirailleurs se déploient de nouveau en avant de la colonne, et sont suivis, à la distance prescrite, par les soutiens et par les compagnies des ailes averties en conséquence.

Quand on est obligé de battre en retraite, les tirailleurs se déploient aussitôt par le flanc sur le front du bataillon.

Lorsque le chef de bataillon croira utile de faire continuer le feu sur l'emplacement quitté par le bataillon après la charge à la baïonnette, cette opération ne saurait être soumise à des règles fixées à l'avance, et l'on agira comme les circonstances le commanderont.

Dans la marche en avant, aussi bien que dans la marche en retraite, il convient de profiter de toutes les occasions pour mettre de l'ordre dans les soutiens et dans la ligne des tirailleurs.

Si la colonne avance sans être couverte par des tirailleurs, au commandement de : *Tirailleurs dans les intervalles!* le premier et le quatrième peloton se déploient en entier sur les deux flancs du bataillon et suivent son mouvement.

On ne déploiera le premier et le huitième peloton de la colonne que dans des cas d'absolue nécessité, et en réitérant le commandement de : *Tirailleurs dans les intervalles!* En outre, on profitera du premier moment favorable pour les faire rentrer et ne laisser déployés que les deux pelotons de tirailleurs.

§ 87. Si les tirailleurs placés sur les flancs de la colonne étaient surpris par une charge de cavalerie, par exemple, ils se formeraient immédiatement en colonne serrée, à la queue du bataillon.

Les tirailleurs placés en avant du bataillon sont seuls autorisés à se rallier et à combattre pour leur propre compte.

§ 88. DES COLONNES DE COMPAGNIE.

Il est impossible de soumettre à des règles précises les diverses manières d'employer les colonnes de compagnie.

En général, on s'attache à donner à la formation plus de profondeur que de largeur. On ne sépare jamais les compagnies sans une absolue nécessité, et de façon à ce qu'elles puissent facilement se rejoindre et se protéger mutuellement.

Lorsque deux compagnies sont réunies en demi-bataillon, et qu'il n'y a pas un second officier supérieur présent, elles sont commandées par le plus ancien des deux capitaines.

Le drapeau reste toujours avec la compagnie de réserve; et si, par exception, celle-ci est déployée à son tour, elle laisse dans tous les cas une section pour sa garde.

CHAPITRE XIV

---

§ 89. DU CARRÉ [1].

Dans une colonne d'attaque ayant formé ses pelotons de tirailleurs, au commandement de :

Formirt das Carree!

Formez le carré!

Chaque compagnie serre sur son peloton de tête, pendant que les officiers et sous-officiers de serre-file passent par les ailes. La distance qui sépare les deux compagnies de derrière des deux précédentes est ainsi augmentée et équivalente à sept pas. Cette

---

(1) Voir planche V.] — A chaque form
met la baïonnette au bout du canon.

ouverture (devant constituer les deuxième et troisième faces) est fermée, à droite et à gauche, par sept files sur trois rangs formées par des officiers, quelques sous-officiers et des hommes pris dans les pelotons intérieurs des subdivisions de tête et de queue. Les deux compagnies de derrière font demi-tour sans autre commandement[1].

Les deux files extrêmes des pelotons des ailes (excepté celles des pelotons de tête et de queue) font aussitôt face en dehors. Les deux files extrêmes des subdivisions de tête et de queue (qui forment réellement les coins du carré) ne font face à droite ou à gauche, que lorsque la deuxième et la troisième face sont attaquées.

Les officiers montés se placent au centre du carré; les autres officiers et sous-officiers disponibles, ainsi que les instrumentistes, se mettent en serre-file dans l'intérieur du carré, les sergents-majors derrière le centre des pelotons intérieurs. (Planche V.)

Les médecins et les ambulanciers trouvent asile entre les compagnies.

Lorsque le carré exécute les feux, les officiers ne quittent pas leurs places, et les sous-officiers placés au premier et au deuxième rang de chaque face tirent en même temps que les hommes.

Si un bataillon est obligé de former le carré avant

---

(1) Le carré allemand n'est pas numéroté par face; on se sert pour lui des dénominations ordinaires de TÊTE, QUEUE, DROITE et GAUCHE.

qu'il n'ait fait déboîter les pelotons de tirailleurs, le mouvement se fait de la même façon ; mais on emploie deux files de moins pour former les deuxième et troisième faces [1].

Lorsque deux compagnies placées à côté l'une de l'autre doivent former le carré, cette formation a lieu comme il est dit § 42.

Un bataillon déployé devant former le carré forme d'abord la colonne au pas gymnastique (§ 61).

Pour les bataillons ayant l'effectif de guerre, on recommande de former le carré par demi-peloton, de façon à ce que les compagnies, en serrant, se trouvent avoir douze rangs de profondeur, et que les deuxième et troisième faces soient composées de sept files chacune, comme dans le carré ordinaire.

§ 90. CHARGE ET FEUX.

La charge et les feux sont exécutés au commandement du chef de bataillon (§ 22) par les faces menacées.

Au premier commandement, les files formant les coins du carré font front du côté des deuxième et troisième faces, comme il a été dit plus haut.

On se sert généralement des feux d'ensemble.

§ 91. MOUVEMENTS AVEC LE CARRÉ.

On ne marche en carré qu'autant qu'on est menacé

---

(1) Ces faces sont alors composées de cinq files au lieu de sept, sur trois rangs.

d'une charge de cavalerie; et, dans ce cas, on recommande aux hommes de rester constamment unis, de manière à ce qu'au commandement de : *halte!* les rangs soient parfaitement serrés, après avoir fait front en dehors [1].

Lorsque, pendant la marche, on a à se défendre contre des cavaliers isolés, on fait sortir des faces menacées quelques hommes qui sont chargés de les tenir à distance et qui, en cas de danger, ou aussitôt que le carré s'arrête, viennent reprendre promptement leurs places en croisant la baïonnette.

§ 92. REFORMER LA COLONNE.

Au commandement de : *Formez la colonne!*

1° Si le bataillon est de pied ferme, les subdivisions reprennent leurs places et leurs distances par un alignement en arrière;

2° Lorsque le bataillon est en marche, les distances sont prises successivement par chaque subdivision, en commençant par celle qui est en tête; les autres subdivisions, après avoir marqué le pas, suivent à leurs distances.

---

(1) La théorie allemande ne distingue pas les cas où l'on marcherait en avant par d'autres faces que la première et la quatrième.

CHAPITRE XV

§ 93. DÉPLOIEMENT D'UNE COLONNE SERRÉE (PAR PELOTON).

Nota. — Les déploiements d'une colonne serrée se font identiquement comme dans notre propre théorie.

Lorsqu'étant la gauche en tête on veut déployer vers la droite, ou bien lorsqu'étant la droite en tête on veut déployer vers la gauche, dans l'ordre régulier, le chef de bataillon commande :

Rechts (links) deployirt ! — Marsch !

A droite (ou à gauche) déployez — Marche !

Au premier commandement, les guides de droite et de gauche du peloton de tête se font face, en se plaçant devant la file de droite et la file de gauche de ce peloton ; les guides de droite (lorsqu'on déploie vers la droite), ou les guides de gauche (lorsqu'on déploie vers la gauche), se portent aussitôt sur la ligne de bataille, pour la prolonger, en prenant distance de peloton de l'un à l'autre.

Le chef de bataillon aligne les trois premiers guides ; l'adjudant du bataillon est chargé d'établir les autres.

Les chefs de peloton laissent filer leurs pelotons, avant de commander par le flanc droit, ou par le flanc gauche, pour les porter sur la ligne.

§ 94. Pour déployer sur le huitième peloton, vers la droite étant la droite en tête ; ou sur le premier peloton, vers la gauche étant la gauche en tête, le chef de bataillon commande :

Aus der Tiefe rechts (links) deploirt!

De la profondeur à droite (ou *à gauche*) — *déployez !*

Dans le premier cas, le peloton de queue (huitième peloton) attend qu'il soit démasqué pour se porter le premier sur la ligne de bataille ; les autres, après avoir marché par le flanc droit, déploient successivement dans l'ordre direct.

Dans le deuxième cas, c'est le premier peloton qui attend qu'il soit démasqué, pour se porter sur la ligne de bataille avant les autres.

On peut aussi déployer vers la droite et vers la gauche sur un peloton de l'intérieur, désigné par le chef de bataillon, qui l'avertit de ne pas bouger au premier commandement.

§ 95. DÉPLOIEMENT D'UNE COLONNE D'ATTAQUE.

Nota. — Ce mouvement a lieu d'après les mêmes principes que le déploiement de notre colonne double.

Au premier commandement, le porte-drapeau avance d'un pas et fait à-droite ; le guide de droite et le guide de gauche de la première subdivision se portent aussi à un pas en dehors et lui font face pour former la base d'alignement.

Le mouvement peut se faire au pas gymnastique, en répétant le commandement de : *Marche !*

Lorsqu'on veut déployer la colonne d'attaque pour continuer à marcher, le porte-drapeau se porte seul à huit pas en avant de la première subdivision qui conserve son allure ; les autres pelotons arrivent successivement en ligne, en obliquant à droite ou à gauche et en allongeant le pas.

Le bataillon prend aussitôt la direction au centre.

Les pelotons de tirailleurs, pendant le déploiement, prennent, sous les ordres de leurs chefs respectifs, la formation et la place qui leur sont prescrites § 55.

On peut déployer la colonne face à n'importe quel côté, au moyen d'un changement de direction, ou d'une conversion à droite ou à gauche.

§ 96. DÉPLOIEMENT D'UNE COLONNE D'ATTAQUE SUR UN PELOTON DE QUEUE.

Le peloton sur lequel on déploie (premier ou huitième) attend qu'il soit démasqué pour se porter sur la ligne de bataille ; les autres, après avoir fait à-droite ou à-gauche, déploient dans l'ordre naturel.

La subdivision de tête de la colonne (quatrième et cinquième peloton) est commandée et arrêtée par le plus ancien des chefs de peloton.

§ 97. DÉPLOYER UN BATAILLON FORMÉ EN COLONNES DE COMPAGNIE.

Pour déployer un bataillon formé en colonnes de compagnie, le chef de bataillon désigne la compagnie sur laquelle on doit déployer. Cette dernière s'arrête et se déploie sur place ; les autres compagnies se dirigent, par le chemin le plus court, sur l'emplacement qu'elles doivent occuper, et se déploient par peloton comme la précédente.

Les pelotons de tirailleurs se rendent à la place qui leur est prescrite dans cette formation (§ 55).

Si le bataillon doit se former sur trois rangs, ce mouvement a lieu au commandement de :

Das dritte Glied formirt!

Le troisième rang — formez !

fait par le chef de bataillon.

CHAPITRE XVI

§ 98. RASSEMBLEMENT DU BATAILLON.

Il y a des circonstances où, par suite de longues marches ou de manœuvres rapidement exécutées, les divers éléments d'un bataillon finissent par se désunir. Le rassemblement a pour but d'apprendre aux hommes à reprendre promptement leurs places habituelles, dans la formation régulière, par rang et par files.

§ 99. Le bataillon étant dispersé, lorsque le chef de bataillon voudra le reformer, il fera battre ou sonner l'assemblée, après avoir eu soin de déterminer auparavant la ligne de bataille au moyen du porte-drapeau et de la section qui l'accompagne.

A moins d'ordre contraire, le bataillon se rassemblera immédiatement en colonne d'attaque sur deux rangs, avec distance de quart de peloton entre les subdivisions. Les hommes iront reprendre leurs places au pas gymnastique et en observant le plus grand silence.

Le chef de bataillon indiquera aux instrumentistes présents la distance à laquelle ils devront se placer, derrière le drapeau, suivant la formation adoptée par le bataillon.

QUATRIÈME PARTIE [1]

CHAPITRE XVII

§ 100. ÉCOLE DES TIRAILLEURS.

Quoique chaque fantassin soit exercé à l'école des tirailleurs, on emploie cependant le plus souvent

---

(1) Dans cette partie (voir § 36 à § 44), ainsi que dans celle qui traite des évolutions de brigade, la Théorie allemande fait mention à peine de deux ou trois commandements spéciaux.

Une initiative sans bornes semble être laissée aux généraux ainsi qu'aux commandants des lignes de tirailleurs. Toute cette instruction se borne à des conseils pleins de pour cette manière de combattre , indépendamment des bataillons de chasseurs, les bataillons de fusiliers ainsi que le troisième rang de l'infanterie en général ; à cet effet, un choix des hommes devient indispensable.

La plupart du temps, le tirailleur est livré à lui-même et doit savoir se suffire.

Bien souvent il a besoin de faire preuve de jugement, de ruse, de hardiesse, d'agilité et principalement d'une grande habileté dans l'emploi de son arme.

§ 101. Toutes ces qualités se trouvent rarement réunies dans un seul homme. Il faut donc s'attacher, dans l'instruction du tirailleur, non-seulement à former un tireur adroit et un soldat agile, mais encore à lui inspirer une confiance illimitée en lui-même, et sans laquelle il lui est difficile de remplir sa mission à la guerre.

La contrainte dans l'alignement, dans la position

---

sollicitude pour le soldat, auquel on veut enseigner à se rendre aussi redoutable que possible à la guerre, tout en lui apprenant à ménager sa propre existence.

La cinquième partie constitue elle-même une étude de tactique pour les chefs, et dont les principales règles sont, du reste, amplement relatées dans notre service en campagne, Titre XIII, et dans l'instruction pour les combats distribuée aux officiers de l'armée, en 1867, par les soins du ministère de la guerre.

et dans la manière de tenir son arme doit lui être inconnue.

Il faut lui démontrer, enfin, comment des arbres isolés, des fossés, des murs, des dépressions de terrain, etc., peuvent le cacher à la vue de l'ennemi et lui permettre d'appuyer son arme pour tirer avec plus de précision, tout en lui recommandant de ne jamais se couvrir d'un abri qui lui fasse perdre l'ennemi de vue.

Pour arriver plus facilement à un bon résultat dans cet exercice, il faut l'appliquer à de faibles détachements opposés les uns aux autres.

Le tirailleur doit être persuadé qu'en plaine il a l'avantage sur un cavalier isolé, et il ne craindra pas de se mesurer avec plusieurs réunis, s'il a soin de conserver son sangfroid et de recharger immédiatement son arme, après chaque coup tiré. Il faut qu'il ne perde jamais son ennemi de vue, et si, dans le combat corps à corps, il a besoin de se servir de sa baïonnette, il cherchera à gagner le flanc gauche du cavalier en général et le flanc droit du hulan [1], comme étant leur côté faible.

§ 102. DÉPLOIEMENT ET ALIGNEMENT DUNE LIGNE DE TIRAILLEURS [2].

On ne doit jamais déployer plus de tirailleurs que

---

[1] Armé de la lance.
[2] Voir § 36 et § 41.

ne le comportent le terrain et les forces de l'ennemi, ce qu'il faut savoir discerner rapidement.

Une ligne de tirailleurs n'est parfaitement établie que lorsque ses divers éléments sont non-seulement bien abrités, mais encore bien reliés entre eux ; lorsque les intervalles sont bien proportionnés et que les feux se croisent en tous sens.

Quand une ligne d'une grande étendue n'a pas ses flancs gardés par des troupes de soutien appuyées à des obstacles naturels, il est nécessaire de détacher quelques hommes vers les ailes, sous la conduite d'un chef circonspect chargé d'observer l'ennemi. On peut encore, dans ce cas, placer des subdivisions en échelons derrière les extrémités de la ligne.

L'alignement des tirailleurs doit être subordonné à la configuration du terrain et à la nécessité d'abriter les hommes autant que possible. Ce qui importe, c'est que les chefs tiennent parfaitement en main leurs subdivisions respectives, et que les diverses fractions de la ligne ne puissent pas se désunir.

§ 103. FEU D'UNE LIGNE DE TIRAILLEURS.

Le tirailleur ne doit pas chercher à tirer beaucoup, mais à tirer bien. Sur des hommes isolés, le feu ne doit pas être ouvert à plus de 300 pas (240 mètres), et sur des colonnes ou de l'artillerie, à plus de 600 pas de distance. Le tireur doit viser principalement les officiers ou bien des fractions de troupes rangées, ces dernières fussent-elles placées à une distance un peu plus grande.

Une ligne en mouvement tirera très peu : quelques hommes seulement, désignés par les officiers, entretiendront le feu en marchant.

La recommandation faite aux hommes d'une même file de faire cause commune et d'alterner leur feu, les garantira d'une surprise dans les fouilles d'un bois, d'un village ou d'un terrain couvert, et leur sera, du reste, d'une grande utilité en toute circonstance.

§ 104. MOUVEMENTS D'UNE LIGNE DE TIRAILLEURS.

Les mouvements d'une ligne de tirailleurs se font constamment en accélérant le pas d'une manière sensible. On ne courra que dans des circonstances exceptionnelles, lorsqu'on aura à parcourir, par exemple, un terrain découvert sous le feu de l'ennemi. Dans ce cas, les hommes peuvent se lancer droit devant eux, en conservant leurs intervalles et en offrant ainsi moins de prise au feu de l'ennemi ; ou bien les chefs leur indiquent, pour servir de centres de ralliement, divers points sur la ligne à atteindre. Ils traversent alors le feu de l'ennemi dans l'ordre déployé et se groupent aux endroits désignés, soit pour bousculer la ligne de tirailleurs de l'ennemi, soit pour se jeter sur ses soutiens.

En cas d'attaque de la part de la cavalerie, les tirailleurs peuvent encore courir, pour se rallier sur le soutien qu'ils démasquent promptement.

Lorsqu'elle est chargée de protéger la retraite, la ligne de tirailleurs veille avec soin à ce qu'il ne se produise pas une trop grande distance entre elle et le corps principal.

En cas d'attaque, s'il y a lieu d'occuper en avant un village ou un coin de bois, elle cherche à l'atteindre aussitôt, s'y établit solidement et ouvre un feu nourri sur l'ennemi.

Enfin, il est recommandé aux tirailleurs de ne jamais échapper au commandement de leurs chefs, quels qu'ils soient.

Les officiers ont tout intérêt à se munir d'un petit sifflet destiné, dans certains cas, à attirer l'attention des hommes pour pouvoir ensuite les diriger par signe ou autrement.

§ 105. RENFORCER, ÉTENDRE, RESSERRER ET RELEVER UNE LIGNE DE TIRAILLEURS.

Il est préjudiciable de renforcer une ligne en intercalant des tirailleurs d'une autre subdivision ; lorsque cette opération est nécessaire, la ligne déjà déployée se resserre sur sa droite ou sur sa gauche, de façon à céder du terrain aux tirailleurs de renfort.

Pendant l'attaque, il est souvent préférable de diriger une subdivision sur les flancs de l'ennemi et d'organiser ainsi une nouvelle ligne.

De même, en cas de retraite, il vaut mieux opérer une diversion contre l'ennemi, ou diriger le soutien sur un point indiqué, que de renforcer d'une manière uniforme la ligne déjà déployée.

Une ligne battant en retraite ne doit jamais être

renforcée en déployant à sa rencontre ; la subdivision destinée à la soutenir prend position en arrière ou déploie par le flanc, et permet ainsi à celle qui se retire de la traverser. et de se reformer derrière elle comme troupe de soutien.

§ 106. Manière de se comporter du soutien.

Le soutien doit être prêt à secourir la ligne de tirailleurs, tout en se tenant autant que possible à l'abri du feu. Si ce dernier but ne peut être atteint, il a recours à la formation dans l'ordre mince, et les hommes se mettent à genoux ou se couchent, de manière à donner le moins de prise possible aux coups de l'ennemi.

Le commandant du soutien est autorisé à apprécier lui-même la distance à laquelle il doit se maintenir de la ligne, soit derrière le centre, soit derrière l'une des ailes.

Réglementairement, on renforce une ligne successivement par section et non par le soutien tout entier à la fois.

§ 107. Rassemblement (ralliement).

Lorsqu'on n'a plus besoin d'une ligne de tirailleurs, ou lorsque son front doit être rétréci, on rassemble les hommes sur le soutien d'abord et puis sur la compagnie ou le bataillon.

Dans un terrain où la cavalerie ennemie est à redouter, on a recours à des ralliements dont les circonstances préciseront le nombre et la disposition.

§ 108. CONDUITE DES OFFICIERS ET DES SOUS-OFFICIERS.

Les officiers et les sous-officiers doivent constamment tenir leur troupe en main, régler son tir, apprécier les distances et souvent indiquer la hausse à employer. Ils sont chargés de diriger la ligne, en utilisant les accidents de terrain et en tirant de leur troupe le plus grand avantage possible; ils exigent, en outre, de leurs hommes le silence et l'attention et veillent à ce qu'ils ne se désunissent point.

Dans un cas pressé, les soutiens sont amenés sur le lieu du combat par le chemin le plus court.

CHAPITRE XVIII

---

§ 109. DE LA MANIÈRE DE COMBATTRE D'UN BATAILLON, DE L'EMPLOI DU TROISIÈME RANG ET DES COLONNES DE COMPAGNIE EN GÉNÉRAL.

INTRODUCTION (1).

L'infanterie peut avoir à lutter, en plaine aussi bien que dans un terrain accidenté, contre des ti-

---

(1) Je n'ai puisé dans ces indications générales que celles qui offrent un intérêt particulier; consulter pour les autres le titre XIII de notre service en campagne et la petite instruction pour les combats.

railleurs ou contre des troupes rangées ; il faut donc que toutes ses parties soient exercées à ces deux manières de combattre, quoique le troisième rang soit plus spécialement destiné à agir en tirailleurs.

Les détachements rangés doivent attacher le plus grand prix au maintien de l'ordre, aux feux d'ensemble et à l'attaque à la baïonnette. Dans les lignes déployées, on fera plus de cas de l'adresse du tireur isolé et de son aptitude à tirer bon parti du terrain.

Il ne faut jamais manquer, en cas de défensive, de secourir à temps la ligne éloignée et la moins solide, parce que c'est pendant la marche en retraite, où l'ennemi peut tirer en toute sécurité, qu'on éprouve les pertes les plus considérables.

Notre infanterie[1], bien exercée au tir, peut repousser par ses feux les attaques que l'ennemi le plus audacieux voudrait entreprendre sur son front. Elle peut lui faire éprouver des pertes tellement sensibles, qu'il en sera ébranlé jusque dans sa base, et qu'il lui sera bien difficile de renouveler une pareille tentative.

Il faut que cette conviction soit profondément empreinte dans l'esprit de nos fantassins. Ils doivent savoir qu'ils sont inattaquables de front, et qu'il n'y a de danger pour eux que lorsqu'ils tournent le dos.

Une infanterie dont les flancs sont couverts, qui

---

(1) L'infanterie prussienne, bien entendu. — Ce passage mérite une attention particulière.

sait être indifférente aux pertes que peut lui faire éprouver le tir à grande distance et qui reçoit l'ennemi de sangfroid, par un feu d'ensemble, peut se considérer comme invincible. L'arme blanche de ce dernier ne peut rien contre elle, et son propre fusil, fût-il aussi bon, est condamné à une très grande infériorité du moment qu'il est obligé de s'en servir pendant la marche.

§ 110. *(Voir deuxième et troisième partie.)*

§§ 111, 112 et 113. La prescription de règles précises pour placer et employer les pelotons de tirailleurs d'un bataillon ne pourrait que paralyser l'intelligence de celui qui commande. En principe, il faut cependant toujours appuyer la ligne de tirailleurs par des soutiens pris dans la compagnie dont elle fait partie, et lorsqu'une compagnie est détachée du bataillon, elle doit être constamment accompagnée de son peloton de tirailleurs.

Dans la péripétie de la lutte ou à la suite d'une apparition subite de l'ennemi, un bataillon peut avoir à entrer en ligne sans recourir d'abord à un déploiement considérable de tirailleurs. Dans ce cas, qu'il soit en ligne de bataille ou en colonne d'attaque, on s'attachera à la régularité de sa formation, et son chef devra bien le tenir en main. Lorsqu'on n'aura à faire qu'à de faibles détachements ennemis, quelques tirailleurs suffiront pour les contenir et le bataillon restera concentré autant que possible. On ne saurait préciser si dans ses mouvements ultérieurs il devra conserver cette formation, ou bien prendre celle des colonnes de compagnie; toutefois, dans les combats d'infanterie, la première ligne aura fréquemment occasion d'employer la formation par subdivision avec intervalles.

Les suppositions dont il sera question plus loin ne caractérisent que la conduite à tenir dans les cas les plus simples, et tout ce qui est dit à ce sujet § 114 fait voir à quelles formations on doit exercer les troupes.

L'infanterie voulant attaquer de front tâchera préalablement de combattre le feu de l'ennemi, en amenant ses détachements à une distance efficace; elle aura constamment des colonnes de soutien prêtes à agir; car rien ne démoralise une troupe comme une entreprise avortée.

Les détachements opposés au feu de l'ennemi chercheront à utiliser les replis de terrain qui en plaine pourront les protéger. Lorsque la contenance de l'ennemi paraîtra ébranlée, ils se porteront rapidement sur sa position avec les soutiens et suivis par des colonnes chargées d'appuyer l'attaque.

On cherchera à occuper des positions pour l'accès desquelles l'ennemi aura à parcourir un terrain découvert, afin de le recevoir avec des feux d'ensemble. Après avoir repoussé son attaque, on se reformera en ordre sans perdre de temps.

La formation en profondeur a l'avantage, dans ce cas, de permettre de renforcer les ailes et les points faibles, en dirigeant de ce côté des subdivisions détachées de la queue de la colonne. Dans l'attaque, cette formation présente les mêmes avantages, puisqu'elle permet, par des moyens analogues, d'inquiéter ou de tourner les flancs de l'ennemi qui, par suite, sera plus facilement contraint de battre en retraite.

Dans un terrain couvert ou boisé, on devra faire un plus grand emploi des tirailleurs; de petites colonnes seront placées en réserve, et on évitera de mêler des subdivisions de compagnies différentes.

§ 114. DES COLONNES DE COMPAGNIE.

Dans les grandes concentrations de feux de la part de l'ennemi, les colonnes trop profondes, comme les colonnes de bataillon et même de demi-bataillon, présentent de sérieux dangers. Toutefois, pour faciliter l'unité de commandement, il ne faut pas non plus viser à une trop grande dispersion des forces sur la ligne de bataille.

Les colonnes de compagnie parent à ces deux inconvénients, et les officiers, ainsi que la troupe, doivent être exercés à prendre cette formation rapidement et sans hésiter, quelle que soit celle qu'ils ont adoptée auparavant.

Lorsqu'un bataillon qui a fait avancer son premier et son quatrième peloton de tirailleurs a besoin de porter d'autres subdivisions en ligne, son chef détache, comme avant-garde, les deux compagnies des ailes (1re et 4e) auxquelles appartiennent les pelotons de tirailleurs; les deuxième et troisième compagnies, formant division, suivent comme force principale. Cette formation peut être appliquée avec avantage dans le plus grand nombre de circonstances.

Devant l'ennemi, il serait illusoire de réglementer les distances qui doivent séparer ces trois détachements entre eux. Toutefois, sur le terrain d'exercice, on maintiendra la ligne des tirailleurs à 150 pas en avant des soutiens, et ces derniers à 100 pas en avant de l'avant-garde qui elle-même précèdera de 150 pas la force principale (total : 400 pas pour toute la profondeur).

Les deux compagnies d'avant-garde se tiennent vis-à-vis de l'emplacement occupé ordinairement par le deuxième et le septième peloton, dans la formation du bataillon en colonnes de compagnie, et les tirailleurs ainsi que les soutiens se conforment à ce qui a été prescrit § 56.

Étant ainsi disposé, si on veut attaquer l'ennemi à la baïonnette, on peut employer les deux compagnies d'avant-garde ou bien les deuxième et troisième compagnies, c'est-à-dire la force principale, à laquelle viendront se joindre les compagnies d'avant-garde aussitôt qu'elle sera arrivée à leur hauteur, à moins qu'on ne préfère employer ces dernières pour menacer ou pour tourner les flancs de l'ennemi.

Les colonnes de compagnie offrent encore l'avantage de donner moins de prise au feu de l'ennemi, vu qu'elles sont plus faciles à abriter que des colonnes plus profondes et que, même en plaine, le moindre repli de terrain peut, en faisant coucher les hommes, les abriter et les mettre à couvert.

On emploiera tout aussi avantageusement les colonnes de compagnie dans les mouvements en retraite sous le feu de l'artillerie; on pourra les faire marcher en colonne par peloton, par demi-peloton ou par section. En faisant appuyer ces colonnes l'une contre l'autre, on passera aisément à la colonne d'attaque; ou bien on pourra, en reformant les pelotons, revenir avec une grande facilité à la formation en bataille.

Lorsqu'un bataillon déployé a fait demi-tour devant l'ennemi, on peut former les colonnes de compagnie jusqu'à ce qu'on soit hors des atteintes du feu, et puis reformer immédiatement la colonne d'attaque.

Dans ce cas, pour éviter de faire marquer le pas aux compagnies centrales, on fera porter en arrière les compagnies des ailes.

§ 115. Les colonnes de compagnie offrent à un bataillon qui combat isolément les plus grandes garanties pour une dispensation avantageuse de ses forces dans les diverses circonstances.

Ainsi formé, il peut commencer d'abord le combat avec une seule compagnie; puis, lorsque dans la ligne de l'ennemi un point faible se fait remarquer, il dirige une deuxième compagnie de ce côté ou bien en envoie une vers les ailes pour opérer un mouvement tournant.

La cavalerie elle-même ne peut rien contre une pareille formation, lorsqu'on a soin de ne pas trop distancer les compagnies entre elles.

Les capitaines et les chefs de peloton veillent principalement, dans une attaque de cette sorte, au maintien de l'ordre et de la bonne disposition dans la marche, afin que la cavalerie ne puisse pas surprendre un flanc découvert, et qu'elle ait toujours à redouter des feux exécutés avec le plus grand sang-froid et à petite distance.

Dans les exercices de l'infanterie, il importe peu de mettre en pratique des combinaisons nombreuses et variées ou bien de savantes manœuvres; il faut s'en tenir autant que possible aux formations simples exposées plus haut. Toutefois, les commandants en chef tiendront la main à ce que les troupes sous leurs ordres arrivent à les exécuter dans n'importe quel terrain, et même pendant la nuit, avec ordre, facilité et promptitude.

CINQUIÈME PARTIE

CHAPITRE XIX

Von der Brigade

DE LA BRIGADE [1].

§ 116. Lorsqu'un bataillon a appris à manœuvrer pour son propre compte, on doit lui enseigner à manœuvrer conjointement avec d'autres bataillons formant corps avec lui; à cet effet, quelques nouvelles instructions sont de rigueur.

La brigade représentant la plus grande réunion de troupes qui ait à exécuter des manœuvres réglementaires, indépendamment des autres armes, il sera exclusivement question d'elle dans les paragraphes qui vont suivre.

Les mêmes règles seront applicables à un nombre de bataillons moindre que celui dont se compose généralement la brigade.

---

(1) Dans cette partie, traduite en quelque sorte littéralement, deux ou trois commandements spéciaux remplacent les quatre-vingts commandements de notre école de régiment.

Chaque fois qu'il y aura plus de quatre bataillons réunis, ils formeront deux corps de combat [1], (Treffen) et lorsque dans les deux corps le nombre de bataillons sera le même, la deuxième ligne devra dépasser la première d'un demi-bataillon vers la droite ou vers la gauche.

§ 117. Une brigade d'infanterie se compose réglementairement de six bataillons comprenant deux régiments, à trois bataillons chacun.

§ 118. Verſammlung (Rendez-vous).
RASSEMBLEMENT (RENDEZ-VOUS).

Une brigade d'infanterie doit pouvoir passer, par le chemin le plus facile et le plus court, de n'importe quelle formation ou ordre de marche indépendants à des évolutions régulières.

Dans des cas urgents, il importe peu qu'on fasse prendre à un bataillon une autre place ou bien une autre formation que celles qui sont prescrites plus loin.

Lorsqu'une brigade arrive au *Rendez-vous* [1], les bataillons se placent sur deux ou trois lignes, avec vingt pas d'intervalle entre les bataillons et trente pas de distance d'une ligne à l'autre. Ils sont formés en colonnes serrées par peloton, ou bien en colonnes

---

(1) Ou deux lignes.

(2) Lieu du rassemblement.

d'attaque sur deux rangs avec distance de quart de peloton entre les subdivisions. Les bataillons de la deuxième ligne se placent, leurs drapeaux couvrant ceux de la première ligne. Le plus jeune [1] régiment forme la première, le plus ancien la deuxième ligne. Chacun des deux commandants de régiment Regiments=Kommandeure [2] commande la ligne dont son régiment fait partie.

Dans les brigades impaires qui, à la réunion de la division, forment l'aile droite, le bataillon de fusiliers est placé à la droite; dans les brigades paires le contraire a lieu, de façon à ce qu'on puisse facilement détacher ces bataillons sans déranger sensiblement l'ordre général.

Au rendez-vous, quand on veut exécuter des évolutions, on adopte généralement la formation des bataillons en colonnes d'attaque. Dans les marches au contraire, on donne la préférence aux colonnes serrées par peloton.

Lorsqu'une brigade doit manœuvrer seule, elle se forme en trois corps de combat au rendez-vous; à cet effet, elle détache généralement un bataillon de la première ligne comme avant-garde, ou bien un bataillon de la deuxième ligne comme réserve. Ces bataillons prennent position à trente pas en avant ou à trente pas en arrière du centre de la brigade.

---

(1) Probablement celui dont le chef est le plus jeune de grade.
(2) Ou colonel.

En général, lorsque l'une des lignes comprend un bataillon de plus que l'autre, les bataillons de la deuxième ligne se placent avec leurs drapeaux vis-à-vis du milieu des intervalles des bataillons de la première ligne (planche VI).

On évitera avec le plus grand soin de laisser couper les bataillons d'un régiment par le régiment suivant.

§ 119. MOUVEMENTS SUR L'EMPLACEMENT DU RENDEZ-VOUS.

Une brigade disposée comme il vient d'être prescrit plus haut, doit savoir se porter, tranquillement et en ordre, en avant, en arrière, sur les côtés et changer à volonté la direction de son front. Dans ce dernier cas, le bataillon qui est au pivot fait son mouvement sans s'inquiéter des autres qui s'y conforment successivement.

Le commandant de brigade [1] (Brigade-Komman-deur) fait les commandements qui concernent toute la brigade et se contente d'avertir simplement la fraction intéressée, lorsque le mouvement ne concerne qu'une partie de la brigade. Les commandants des corps de combat répètent le commandement, ou bien font eux-mêmes les commandements nécessaires quand ils ont reçu avis du mouvement à exécuter. Les chefs de bataillon en agissent de même à l'égard de ces derniers, à moins qu'ils n'aient reçu des instructions particulières.

---

(1) Ou général de brigade.

§ 120. DÉPLOIEMENT DE LA BRIGADE.

La brigade peut se déployer de pied ferme, en avant ou en arrière de la position qu'elle occupe.

Pour la déployer de pied ferme [1], le commandant de la brigade, après avoir désigné le bataillon qui ne doit pas bouger, commande :

Auf ganze Distance auseinander gezogen !
A distance entière séparez-vous !

Les bataillons prennent entre eux, vers la droite ou vers la gauche, distance de déploiement plus les vingt pas d'intervalle qui doivent les séparer les uns des autres.

Si la brigade est formée en colonnes serrées par peloton, chaque bataillon, après avoir pris sa distance, se forme en colonne d'attaque.

La deuxième ligne conserve, jusqu'à ce qu'on marche en avant, la distance de trente pas entre elle et la première ligne. Ses bataillons se placent vis-à-vis le milieu des intervalles de la première ligne, de façon à la déborder d'un demi-bataillon vers la droite, si c'est une brigade impaire, ou vers la gauche, si c'est une brigade paire.

Si le mouvement doit se faire en marchant, le bataillon de base continue à se prolonger dans la

---

(1) On suppose la brigade composée de six bataillons sur deux lignes. (Planche VI bis.)

direction indiquée, les autres, après avoir gagné leur distance de déploiement par la marche oblique à droite ou à gauche, se redressent de manière à arriver sur la ligne à hauteur du bataillon de direction. La deuxième ligne prend peu à peu sa distance, soit en raccourcissant le pas, soit en déployant sur place, pendant que la première ligne déploie en avant. Cette distance est généralement de 400 pas; mais, dans certains cas, le commandant de la brigade peut être appelé à la changer.

En temps de paix, sur les terrains de manœuvres où souvent le manque d'espace l'exige, elle est fixée à 150 pas.

§ 121. Pour une brigade disposée en trois corps de combat, le mouvement s'exécute absolument de la même manière; mais quelquefois on pourra se contenter de déployer les deux premières lignes et de laisser suivre la troisième, en lui faisant conserver la formation adoptée par elle au *Rendez-vous*.

CHAPITRE XX

§ 122. MOUVEMENTS DE LA BRIGADE AVEC DISTANCES
DE DÉPLOIEMENT.

Lorsqu'une brigade, composée de plusieurs corps de combat (ou formée sur plusieurs lignes), doit attaquer l'ennemi, elle se fait d'abord couvrir par les tirailleurs de la première ligne suivis des deux compagnies des ailes formant avant-garde.

Le cinquième officier supérieur se tient à la disposition du commandant de la ligne.

Un clairon est détaché auprès du général de brigade, et un autre auprès de chaque commandant de ligne.

Pour assurer la marche, le général désigne sans retard un bataillon de la première ligne, et le charge de donner la direction à la brigade ainsi qu'aux tirailleurs. Ce bataillon se conforme exactement à ce qui est prescrit § 49, les autres bataillons conservent leurs intervalles de son côté, et la deuxième ligne observe de ne pas perdre sa distance.

Si plus tard, dans une marche en retraite par exemple, la deuxième ligne a besoin elle-même d'un bataillon de direction, le commandant de cette ligne désignera un bataillon voisin de celui choisi par le général, ou tout autre bataillon qu'il croira le plus convenablement placé pour remplir ce but.

Lorsque les tirailleurs, les soutiens et l'avant-garde ont atteint la distance qui doit les séparer de la première ligne [1], le général peut mettre les deux lignes ensemble en mouvement, ou bien conserver la dernière en réserve et la faire rester en arrière, sans la déployer.

A toutes les attaques sur le champ de manœuvres,

______

(1) 400 pas sur le terrain d'exercice.

les tambours battent la charge; dans les terrains accidentés, la charge n'est battue que par les troupes en vue de l'ennemi.

Suivant les circonstances, le général peut faire coïncider les mouvements de la brigade avec ceux de la ligne des tirailleurs, ou bien recommander à cette dernière de se régler sur la marche de la brigade.

Il trouvera dans les compagnies d'avant-garde le moyen de renforcer la ligne des tirailleurs, quand il le jugera convenable.

Lorsque les tirailleurs sont arrivés en position, on arrête la brigade, et si l'ennemi n'est pas en vue, le feu ne commencera que lorsque le signal en sera donné.

S'il entre dans les vues du général de terminer la lutte par une charge à la baïonnette, il fait aussitôt serrer les colonnes d'attaque, croiser la baïonnette et prendre le pas de charge. A l'approche des colonnes, les tirailleurs les démasquent et se joignent à elles, de façon à remplir les intervalles entre les bataillons et à étendre les ailes de la brigade. On se conforme ensuite à ce qui est dit § 83.

La deuxième ligne reçoit directement des instructions au sujet de la marche à suivre dans cette circonstance.

L'attaque ayant réussi, au commandement de : *Halte!* suivi d'un petit roulement, les têtes de colonne font des feux de salve, soutenus par des feux à volonté exécutés par les tirailleurs.

Au signal de *Marche!* la ligne des tirailleurs et l'avant-garde se reportent en avant à la distance réglementaire. (*Voir* §§ 83, 86, 114 et 130.)

§ 123. MARCHE EN AVANT AVEC DÉPLOIEMENT PARTIEL.

Une brigade en marche peut faire déployer tous ses bataillons ou seulement un certain nombre d'entre eux, dans le but par exemple, d'atténuer les effets du tir de l'artillerie. L'exécution de cette manœuvre a en outre l'avantage d'exercer les troupes à la marche en bataille.

Réglementairement, on a recours, dans ce cas, aux tirailleurs et à l'avant-garde.

Le général peut alors :

1° *Avant d'être à portée du feu de l'ennemi,* . arrêter sa brigade, faire serrer et déployer les ba-taillons qu'il jugera convenable. La ligne sera ja-lonnée d'après les principes du § 95, et non comme il est prescrit § 45. Le drapeau et les guides des divers bataillons feront face du côté du bataillon de base.

Le déploiement étant terminé, la brigade repren-dra sa marche au commandement de :

Brigade vorwärts! etc.
Brigade en avant! etc.

2° *Etant arrivé à portée du feu de l'ennemi,* il peut déployer les bataillons par la marche oblique à droite et à gauche, sans arrêter la brigade. Si la ligne des tirailleurs est de pied ferme, les soutiens, et plus tard les tirailleurs eux-mêmes, vont prendre au signal de :

𝕹𝖚𝖋! — *Rappel !*

les places qui leur sont prescrites pour le bataillon (§ 56).

Dans certaines circonstances, les bataillons franchiront la ligne des tirailleurs ; ces derniers se coucheront sur le sol pour les laisser passer.

Si on a marché avec avant-garde, le commandant de la ligne peut faire déployer les six pelotons du demi-bataillon dont elle fait partie. Dans ce cas, les compagnies d'avant-garde viennent se placer en colonne aux extrémités de la ligne, et ne déploient elles-mêmes que lorsque les intervalles qui les séparent des bataillons voisins deviennent trop considérables.

Le commandant de la ligne peut ensuite l'arrêter et avoir recours aux feux d'ensemble (§ 47).

Après un certain nombre de salves, il est loisible au général de faire donner le signal de :

𝕾𝖙𝖔𝖕𝖋𝖊𝖓! — *Cessez le feu !*

de redéployer les tirailleurs, et de faire avancer de nouveau l'avant-garde.

Si, malgré les feux, l'ennemi continue à gagner du terrain, la première ligne sera lancée à la baïonnette, quand même un ou plusieurs bataillons n'auraient pas encore rechargé leurs armes.

Enfin, le général peut faire charger à la baïonnette la deuxième ligne pendant que la première exécute ses feux ; à cet effet, il lui fera traverser les intervalles de la première ligne dont les bataillons se replieront au besoin pour lui livrer passage. La ligne qui est en avant cesse le feu aussitôt qu'elle a été dépassée, et se forme en colonnes d'attaque.

La réserve, à défaut d'autres instructions, suit le mouvement en conservant sa distance.

§ 124. MARCHE EN AVANT AVEC UNE AVANT-GARDE.

Lorsqu'un bataillon a été désigné comme avant-garde, la brigade peut se déployer immédiatement ou bien le faire plus tard sous la protection de cette dernière, en conservant momentanément sa formation du *Rendez-vous*.

L'avant-garde prend alors seule des dispositions de combat, mais en ayant soin de ne pas s'étendre plus qu'il ne faut pour être toujours tenue dans la main de son chef. Si elle a besoin de renfort, on lui détache un ou les deux bataillons restants du régiment dont elle fait partie.

Les bataillons qui pourraient être engagés plus tard prendront place à côté des précédents, et mettront nécessairement fin au rôle de l'avant-garde.

Lorsque le commandant de la brigade ne veut pas engager une lutte générale et retirer simplement le bataillon d'avant-garde, il lui donne l'ordre de reprendre sa place dans le régiment auquel il appartient, en faisant déployer un autre bataillon en avant de la ligne, pour le recevoir et protéger sa retraite. Il est souvent avantageux, dans ce cas, de conserver la dernière ligne comme réserve, sans la déployer.

§ 125. MARCHE EN RETRAITE.

Dans toutes les marches de ce genre, les bataillons sont formés en colonnes d'attaque, et des lignes de tirailleurs sont chargées de couvrir le mouvement, en se maintenant le plus longtemps possible en position, pour donner le temps à la colonne de gagner du terrain en arrière.

Si la brigade entreprend la marche en retraite spontanément, c'est-à-dire sans y être contrainte par un insuccès, les trois lignes se retirent en même temps, et l'on ne fait rentrer les tirailleurs qu'après le mouvement terminé.

Une ligne, étant obligée de battre en retraite à la suite d'une attaque avortée, cesse le feu, met l'arme sur l'épaule et fait demi-tour pendant que ses tirailleurs, placés dans les intervalles et sur les ailes, se maintiennent en position le plus longtemps possible pour couvrir sa marche.

Si la ligne a été déployée, elle reforme ses colonnes de compagnie ou des colonnes d'attaque en marchant.

Une fois hors de portée des feux de l'ennemi, les bataillons se rassemblent en colonnes d'attaque, si ce n'est déjà fait, et les compagnies extrêmes sont de nouveau détachées pour former une avant-garde.

Lorsqu'une ligne battant en retraite doit être relevée par la suivante, celle-ci peut déployer de pied ferme pour faire des feux de bataillon, ou déployer à la rencontre de la première ligne, en se conformant à ce qui est prescrit § 123. Dans les deux cas, la ligne qui se retire passe par les intervalles de la seconde et ses tirailleurs démasquent le front de cette dernière, en se ralliant, au signal de : 𝕽𝖚𝖋! *(rappel !)*

Les compagnies qui ont besoin de se former en arrière en colonne, pour faciliter le passage à la ligne qui bat en retraite, exécutent ce mouvement sans attendre des ordres. Les bataillons de la seconde ligne commencent le feu aussitôt qu'ils sont démasqués et sans se régler les uns sur les autres, tandis que la première ligne fait face en tête, à demi-distance (200 pas) en arrière de la seconde, ou à distance entière (150 pas), lorsque la manœuvre a lieu sur le terrain d'exercice (§ 120).

Cette manière de procéder ne saurait avoir son application lorsque la ligne qui se retire a été fortement éprouvée par l'ennemi.

Dans ce cas, pour éviter une déroute, la seconde ligne formera immédiatement son avant-garde et pourra gagner du temps en employant pour ce rôle ses compagnies centrales; en outre, elle ne se déploiera qu'après avoir laissé passer la première ligne.

Enfin, si la ligne repoussée était vigoureusement poursuivie par l'ennemi, la deuxième ligne attaquerait elle-même, pour la dégager rapidement, en passant à travers les intervalles avec ses bataillons et ses tirailleurs.

On pourra encore, en cas d'urgence, employer une partie de la seconde ligne, et même de la réserve, pour tomber sur les flancs de l'ennemi.

En principe, les troupes qui se retirent se reforment toujours derrière la ligne la plus près de l'ennemi, et non derrière la réserve qui, elle-même, se maintient constamment à la distance réglementaire de la dernière ligne.

§ 126. FORMATION DU CARRÉ.

Lorsqu'une brigade est appelée à se défendre contre de grosses masses de cavalerie, elle forme les carrés.

A l'exercice, son chef fait donner, au moment voulu, le signal de *Bataillon!* ou de : *Tout le bataillon!* et puis celui de : *Formez la colonne!* Dans une brigade composée de deux lignes, avec ou sans réserve (ou troisième ligne), le commandant de la première ligne fait aussitôt suivre le dernier signal des commandements de : *Formez le carré!* et *Carré achevé!*

Les autres lignes conservent la formation en colonnes d'attaque.

Dans toute la brigade, avant de former le carré, on fait serrer les colonnes si elles ne le sont déjà.

Si avant le signal la première ligne était déployée, elle formerait d'abord les colonnes d'attaque, au pas gymnastique, et le carré aussitôt après (§ 89).

Dans certains cas, il peut être utile de ne former en colonne que les bataillons des ailes ou même rien que les deux compagnies extrêmes de ces bataillons. Cette disposition est d'autant plus avantageuse que la seconde ligne peut contribuer plus ou moins à la défense des flancs, et qu'il est toujours dangereux de présenter de grandes masses à la concentration des feux de l'ennemi.

Les tirailleurs placés dans les intervalles des compagnies se forment par peloton à la queue des bataillons ou bien, dans un déploiement partiel de la ligne, vont garnir les intervalles des bataillons entre eux.

Les tirailleurs qui se trouvent en avant de la ligne se rallient sur leurs soutiens, si ces derniers n'ont pas encore rejoint leurs bataillons respectifs, et forment le cercle avec eux, à une distance de 80 pas devant le front de la ligne. Les feux ont alors lieu au commandement du chef de la ligne, comme il est prescrit § 90.

Les commandants des lignes et les officiers supérieurs vont se placer auprès de l'un des carrés.

Lorsqu'une avant-garde a été formée, le général décide, d'après l'éloignement plus ou moins grand de la cavalerie, si elle doit rejoindre son bataillon ou bien si ses diverses fractions doivent se rapprocher les unes des autres pour se protéger mutuellement. (§ 88 et 114.)

L'attaque de la cavalerie a-t-elle échoué, et le général juge-t-il à propos de porter sa brigade en arrière? Dans ce cas, les trois lignes se mettent en marche en même temps, et la cavalerie est tenue à distance en lui opposant des tireurs isolés ou bien des tirailleurs placés dans les intervalles.

Au commandement de :

Carree — Halt! — *Carré — Halte !*

la ligne la plus près de l'ennemi exécute ce qui est prescrit § 91, les autres font simplement face en tête en s'arrêtant.

Lorsqu'on aura à craindre des retours offensifs, on pourra exceptionnellement battre en retraite en échiquier, de la manière suivante : la deuxième ligne s'arrête et, après avoir laissé passer la première, forme les carrés prêts à faire feu ; la première ligne, une fois arrivée à sa distance en arrière de la seconde, en agit de même et ainsi de suite.

La réserve se tient constamment à sa distance en arrière de la ligne la plus éloignée de l'ennemi.

Cette manière d'opérer a le désavantage de ralentir le mouvement et, par suite, de laisser les troupes plus longtemps exposées au feu de l'ennemi. On devra donc y recourir d'autant moins souvent qu'il est plus facile, de nos jours, de tenir la cavalerie à une distance telle que les bataillons aient toujours le temps, avant qu'elle n'arrive sur eux, de se préparer à la recevoir.

En général, lorsqu'on voudra suspendre la marche en retraite et faire rompre les carrés, le commandant de la brigade commandera :

Formirt die Kolonne!

Formez la colonne (voir § 92).

§ 127. CHANGEMENTS DE FRONT.

Pour opérer des changements de front, tous les

bataillons de la brigade, même le bataillon de pivot, doivent toujours être formés en colonnes d'attaque.

L'avant-garde se conforme à la nouvelle direction.

Le bataillon de pivot change de front pour son propre compte, les autres suivent le mouvement et s'alignent dans la nouvelle direction en conservant leurs intervalles.

Les changements de front et autres mouvements analogues ne se font jamais au pas cadencé; aussitôt que placés, les bataillons reposent en mettant l'arme au pied.

Les diverses subdivisions de chaque colonne conservent quart de distance de peloton entre elles.

Les changements de front, dans la plupart des circonstances, doivent se faire sous un très-petit angle, et rarement sous un angle de 45 degrés.

Dans le cas où une ligne devra faire rapidement face vers la droite ou vers la gauche, les bataillons les plus près de ce côté formeront de suite la première base et les autres bataillons arriveront successivement sur la ligne.

Dans les péripéties de la lutte, il peut arriver qu'une aile de la brigade soit portée plus en avant que l'autre et donne ainsi lieu à une disposition en échelons qui, par le redressement des bataillons, se transforme en véritable changement de front.

§ 128. ALIGNEMENT.

Pour aligner la brigade, le général commande : *Points en avant !* et aligne lui-même les trois officiers du bataillon de base; les autres bataillons se conforment à la direction, comme il a été prescrit §§ 45 et 78, selon qu'ils sont déployés ou formés en colonne.

Chaque commandant de ligne est chargé de l'alignement de ses troupes; le commandant de la seconde ligne l'établit parallèlement à la première.

Il n'est pas nécessaire que les diverses subdivisions des colonnes soient alignées entre elles dans toute l'étendue de la ligne.

§ 129. BRIGADE MASSÉE.

Lorsque, dans un but exceptionnel, on a besoin de réunir la brigade en une masse compacte et facile à manier, on a recours à la formation du *Rendez-vous*. Le général fait ensuite serrer les bataillons l'un contre l'autre, soit de pied ferme, soit en marchant, d'après des principes analogues à ceux employés pour prendre les distances de déploiment (§ 220).

Il y a très-rarement lieu d'utiliser cette formation à la guerre.

§ 130. OBSERVATIONS GÉNÉRALES.

Les règles établies plus haut donnent à une brigade le moyen de manœuvrer et de passer à toutes sortes de formations. Toutefois, ces règles ne comprennent que les cas plus simples et exigent dans la pratique certaines modifications.

La coopération de troupes de différentes armes, la disposition du terrain et les mesures prises par l'ennemi exigent du commandant en chef, et des officiers supérieurs en général, une grande aptitude à adapter sans hésitation ces modèles aux diverses circonstances.

Il faut éviter à tout prix de mêler les brigades, les régiments ou les bataillons entre eux.

Quelquefois des régiments peuvent avoir à opérer côte à côte, lorsqu'on devra, par exemple, attaquer deux positions voisines reliées entre elles.

Il y a aussi des circonstances où les bataillons de la seconde ligne, disposés en échelons vers la droite et vers la gauche, formeront de puissants renforts pour appuyer les ailes.

Les commandants des régiments et ceux des bataillons devront être habitués à trouver facilement des expédients pour prévenir tous les cas imprévus.

Si l'ennemi n'attaque pas sur tout le front de la ligne, on dirigera les bataillons non engagés contre ses flancs ; d'après le même principe, si un bataillon dans sa marche en avant ne rencontre pas l'ennemi, il devra changer de direction pour se porter sur le terrain de la lutte.

D'autres fois, lorsque l'ennemi menacera les ailes de la ligne, on pourra le faire prendre à revers par le bataillon de l'aile correspondante de la seconde ligne.

Relever une ligne par une autre est toujours une opération dangereuse devant l'ennemi, et lorsqu'on exécute cette manœuvre sur le terrain d'exercice, il faut avoir bien soin d'éviter que le soldat ne puisse lui donner une fausse interprétation.

La deuxième ligne ne sera jamais engagée avant qu'on n'ait obtenu de la première tout ce qu'on pouvait en tirer, et dans ce cas, il est préférable de la porter sur la droite ou sur la gauche de la première ligne que de la diriger dans les intervalles, pour ne pas mélanger les bataillons.

Il faut aussi savoir prendre à un moment donné diverses formations qui, soit en marche, soit de pied ferme, puissent amoindrir les effets du tir de l'artillerie : adopter, par exemple, l'ordre mince lorsqu'on est exposé au tir à obus ou à boulet, et rétrécir le front des colonnes lorsqu'on a à faire au tir à mitraille.

La principale force de l'infanterie résidant dans ses feux, elle doit être constamment disposée de façon à pouvoir tirer de cet avantage toutes les ressources possibles.

On doit porter une grande attention à ménager les forces du soldat ; à cet effet, on fera usage du pas de route chaque fois qu'on manœuvrera en grandes masses, et dans chaque bataillon on fera reposer les hommes, l'arme au pied, aussitôt que le mouvement sera terminé.

Enfin, on devra profiter du trajet parcouru pour se rendre sur le terrain d'exercice en appliquant quelques-unes des manœuvres prescrites : marcher, par exemple, avec avant-garde, avec arrière-garde, etc.

Sur le terrain même, on pourra exécuter de petites opérations de guerre, dans lesquelles de faibles détachements seront désignés pour représenter l'ennemi.

Comme dernière règle générale, on tiendra hautement la main à ce que l'ordre tactique et la cohésion des régiments et des bataillons entre eux soient constamment maintenus avec une extrême rigueur.

Nota. — Les planches ci-jointes n'existent pas dans l'ouvrage allemand; elles représentent *grosso modo* la disposition des formations principales.

TABLE DES MATIÈRES

Saint-Etienne, imp. Montagny, rue Gérentet, 14.

Planche I.

Bataillon en bataille avant la formation des pelotons de Tirailleurs
(Formation sur trois rangs)

8ᵉ P.	7ᵉ P.	6ᵉ P.	5ᵉ P.	4ᵉ P.	3ᵉ P.	2ᵉ P.	1ᵉ Peloton
4ᵉ Cⁱᵉ		3ᵉ Cⁱᵉ		2ᵉ Cⁱᵉ		1ʳᵉ Compⁱᵉ	

Planche II

Bataillon en bataille après la formation des pelotons de Tirailleurs.
(Formation sur deux rangs)

8	7	6	5	4	3	2	1
4ᵉ Peloton de Tirailleurs		3ᵉ Peloton de Tirailleurs			2ᵉ Peloton de Tirailleurs		1ʳ Peloton de Tirailleurs

Planche III.

Colonnes de Comp.ie avec leurs pelotons de Tirailleurs

(Formation sur deux rangs)

Planche IV

Colonne d'attaque (serrée en masse)

avant d'avoir formé ses pelotons de tirailleurs; c.a.d. sur 3 rangs

Planche V

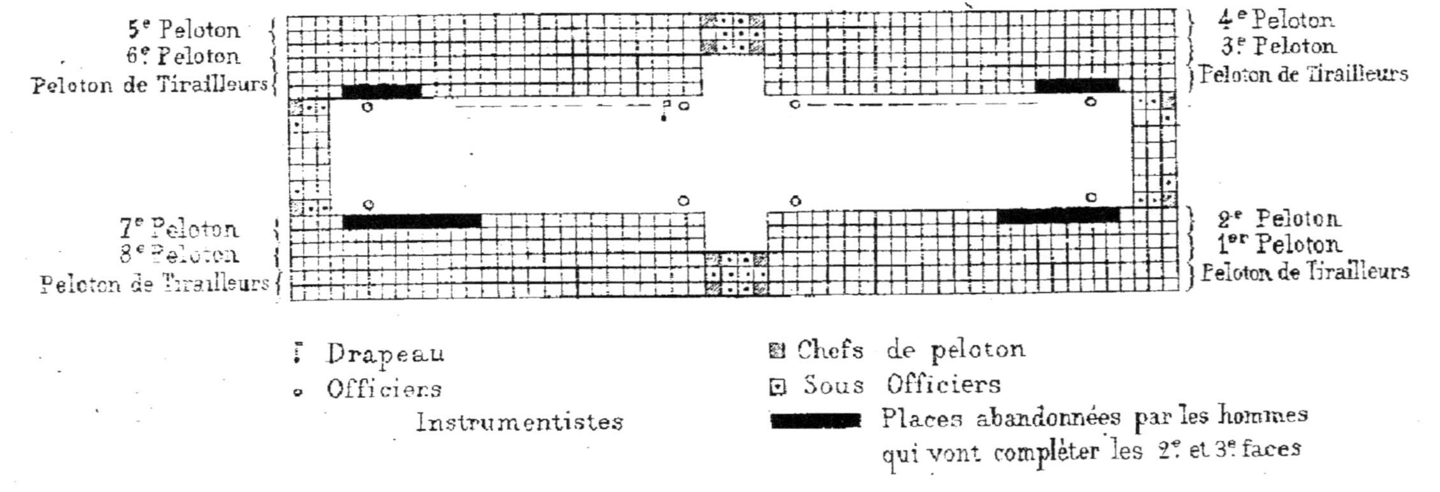

Planche VI.

Planche VI. (bis).